무지개
그림책방

NIJINO EHONYASAN NO HON

Copyright ⓒ 2018 Aya Ishii & Yuki Kobayashi
Korean translation rights arranged with Nishinihon Publisher Co Ltd.
through Japan UNI Agency, Inc., Tokyo and Tony International, Seoul.

이 책의 한국어판 판권은 'Japan UNI Agency, Inc.'와 '토니 인터내셔널'을 거쳐 저작권자하고 독점 계약한 '이매진'에 있습니다. 저작권법에 따라 한국 안에서 보호를 받는 저작물이므로 무단 전재와 무단 복제를 하면 안 됩니다.

무지개 그림책방

사람과 마음을 잇는 한 평 반 독립 서점 이야기

1판 1쇄 2020년 1월 10일
지은이 이시이 아야 **그린이** 고바야시 유키 **옮긴이** 강수연
펴낸곳 이매진 **펴낸이** 정철수
등록 2003년 5월 14일 제313-2003-0183호
주소 서울시 은평구 진관3로 15-45, 1018동 201호
전화 02-3141-1917 **팩스** 02-3141-0917
이메일 imaginepub@naver.com
블로그 blog.naver.com/imaginepub
인스타그램 @imagine_publish
ISBN 979-11-5531-111-0 (03830)

- 환경을 생각해 친환경 용지로 만들고 콩기름 잉크로 찍었습니다.
- 값은 뒤표지에 있습니다.
- 이 도서의 국립중앙도서관 출판시도서목록(CIP)은 서지정보유통지원시스템 홈페이지(http://seoji.nl.go.kr)와 국가자료공동목록시스템(http://www.nl.go.kr/kolisnet)에서 이용하실 수 있습니다(CIP 제어번호: CIP2019052521).

무지개
그림책방

사람과 마음을 잇는
한 평 반
독립 서점 이야기
–
이시이 아야 지음
고바야시 유키 그림
강수연 옮김

이매지ن

들어가며 • 8

1장. 그림책방을 시작했어요

1 느닷없이 그림책방 • 12
2 한 평 반 좁디좁은 • 15
3 책방 이름 짓기 • 21
4 첫 달 매출 37만 원 • 25
5 만드는 이와 읽는 이를 잇는 무지개 다리 • 29
6 내가 팔 책은 내가 만들자 • 32
7 하라페코 메가네를 만나다 • 34
■ 무지개 이야기 ① 어쩌다 그림책 | 하라페코 메가네 • 38
📕 그림책 이야기 ① 그림책을 들여와 파는 일 • 41

2장. 그림책을 만들기 시작했어요

1 첫 그림책 • 46
2 두 가지 말 그림책 • 57
3 여든여덟 살 초보 작가 • 60
4 크라우드 펀딩을 시작하다 • 64
5 마쓰모토 가쓰지 작가의 가족 • 65
6 일곱 개 그림책 프로젝트 • 78
7 무지개 그림책방 그림책 • 83
■ 무지개 이야기 ② 앨리스의 흰 토끼 같은 | 우쓰하라 미치에 • 90
📕 그림책 이야기 ② 그림책 만들기 좋은 때 • 93

3장. 그림책을 건네는 방법

1 건네고 싶은 그림책들 • 98
2 마케팅 팀장 탄생 • 102
3 믿음직한 바깥 친구 • 106
4 이런 이벤트 저런 굿즈 • 108
5 온라인 쇼핑몰을 열었어요 • 112
6 때로는 아날로그 • 114
7 함께 만들고 함께 전한다 • 118
■ 무지개 이야기 ③ 오직 나아갈 뿐 | 가와구치 다카히로 • 121

4장. 그림책으로 모이는 곳

1 무지개 갤러리 — 그림책 원화 전시회 • 126
2 그림책 이벤트 '무지개 축제' • 128
3 그림책 라이브 • 130
4 그림책 피크닉 • 134
5 갈 수 있는 곳이면 어디든 — 출장 무지개 그림책방 • 138
6 어른도 아이도 마음껏 — 워크숍과 토크쇼 • 140
7 그림책방 이전! 3층에서 1층으로 • 142
■ 무지개 이야기 ④ 새로운 소용돌이를 불러일으키는 사람
 | 사토 도모노리 • 145

5장. 그림책으로 이어지는 드넓은 세계

1 2016년 볼로냐 도서전에 가다 • 150
2 두 번째 볼로냐 • 158
3 세 가지 과제 • 161
■ 무지개 이야기 ⑤ 어쩔 수 없는 이시이 아야 | 사와노 메구미 • 164
4 수입 그림책을 팔다 ― 판권 매매 • 167
5 3년째의 승부! • 170
6 대만에 가다 • 173
7 인쇄와 제본을 해외에서 • 178

6장. 그림책으로 만나는 사람들

1 그림책 동네 풋살 팀 리브리스타 • 182
2 그림책을 함께 만드는 사람 • 191
▤ 그림책 이야기 ③ 그림책 모이는 공장 '아야포스 원' | 작가×작가 • 198
3 음악으로 함께 만드는 사람 • 206
4 서점을 만나다 • 210
■ 무지개 이야기 ⑥ 우리 둘의 인연 | 세토구치 아유미 • 219
5 출판사를 만나다 • 223
6 함께 일하는 동료를 만나다 • 226
7 사람을 만나다 • 233
▤ 그림책 이야기 ④ 무지개 그림책방의 일 | 전 점장×현 점장 • 237

7장. 그림책으로 살아간다

1 그림책 일 • 248
2 '일'의 가격? • 253
3 임기응변과 사후 조정 • 255
4 생각은 있지만 고집은 없는 • 258
5 그림책방의 색 • 262
6 무지개 그림책방의 사무실 • 264
7 레인보우 가든 • 267
■ 무지개 이야기 ⑦ 가슴 두근거리게 하는 아야 대표 | 고마다 마코토 • 270
🗏 그림책 이야기 ⑤ 언니와 무지개 그림책방과 나 | 나카지마 나오 • 273

나오며 • 280
무지개 그림책방이 걸어온 길 • 286

들어가며

'좋아하는 것'을 일로.
'꿈꾸던 것'을 일로.

이런 말을 자주 듣습니다. '좋아하는 것'을 일로 삼고 싶어하는 사람이 얼마나 될까요. 좋아하는 일을 찾을 수 없어서 고민하는 사람은 또 얼마나 될까요.

저는 지금부터 7년 전, '무지개 그림책방'이라는 작은 그림책방을 열었습니다. 눈에 잘 띄지 않는 건물에 조용히 문을 연 그림책방은 넓이가 겨우 4.95제곱미터(한 평 반). 다른 서점에서 자주 보는 잘 팔리는 그림책은 찾을 수 없는 책방입니다. 하루하루 어림짐작으로 꾸려갔죠.

그런 제게 많은 사람들이 똑같이 물었습니다.

"오랫동안 간직한 꿈을 이룬 거죠?"

저는 무지개 그림책방을 시작할 때까지 그림책방을 운영하고 싶다거나, 출판사를 해보고 싶다거나, 사업을 하고 싶다고 생각한 적이 없었어요. 오랜 꿈이나 동경을 품고 시작한 일은 아니지만, 지금은 무척 즐겁게 일하고 있어요.

어떻게 된 걸까요? 처음 문을 열 때로 거슬러 올라가 무지개 그림책방하고 인연을 맺어온 사람들을 마주합니다. 그림책은 물론 서점이나 출판에 관해 아무것도 모르던 제가 그림책방을 계속할 수 있던 이유가 뚜렷해집니다.

이 책은 작디작은 책방에서 제가 그림책을 고리로 사람들을 알아가고, 좋아하는 동료들을 만나 일하면서, 삶의 테두리를 점점 넓혀온 발자취를 소개합니다. '무지개 그림책방'이 지금 모습을 갖추는 동안 곳곳에 등장하는 매력적인 사람들을 여러분도 부디 만나보세요. 그 너머에 뭔가 새롭고도 설레는 일이 틀림없이 기다리고 있을 거예요.

자, 무지개 그림책방 이야기를 시작합니다!

1장

그림책방을 시작했어요

1
느닷없이 그림책방

무지개 그림책방은 도쿄 메구로 구 도리츠다이가쿠(都立大學) 역에서 걸어서 2분 거리에 있는 상가 건물 3층에 자리한 작은 그림책방입니다. 얼마나 작은가 하면, 가게 넓이가 겨우 한 평 반이에요. 도면으로 보면 '화장실인가?' 싶을 정도로 비좁아요. 왜 이런 좁은 곳에 그림책방을 냈느냐는 질문을 자주 받습니다.

"여기서 할 만한 걸 한번 생각해봐."

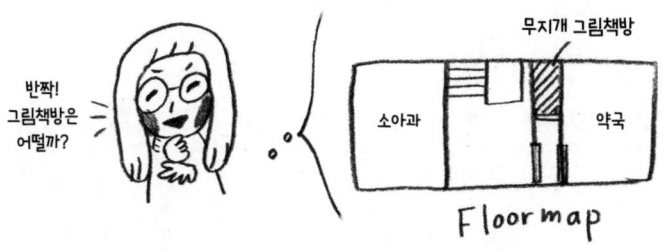

　2010년 초가을 무렵, 일하던 회사에서 알게 된 사람이 느닷없이 제안했어요. '할 만한' 게 뭘까? 내가 뭘 할 수 있을까? 한 평 반에서 무슨 가게를 할 수 있을지 궁리했어요. 주스 가게는 어떨까? 테이크아웃 커피 전문점은? 3층까지 굳이 커피를 마시러 올까? 차라리 자판기를 몇 대 나란히 설치하는 게 나을까? 그럼 인건비도 안 들 텐데……. 장사를 한다는 게 뭘까 하면서 온갖 상상을 하다가도, 문득 커피를 팔려면 보건소에서 허가를 받아야 하는지 알아보기도 했어요.

　같은 층에는 한 평 반짜리 이 공간말고도 소아과 병원과 약국이 있었어요. 위아래 층에는 유아 교실과 학원도 있었죠. 그럼 아이들이 많이 오겠네? 이런 생각을 하자 '그림책'이 떠올랐어요. 오래전부터 그림책 일러스트를 그리는 소꿉친구도 생각났죠. 그래, 그 친구 그림책을 놓고 팔자! 그러고 보니 애써 만든 그림책을 서점에서 좀처럼 받아주지 않아 속상해하던 친구도 기억났어요.

  이미지가 떠오르자 신기하게도 이곳은 그림책방에 안성맞춤, 그림책방을 하는 데 딱 좋은 장소로 여겨졌고, 아는 사람들이 만든 그림책을 가져다놓으면 신날 듯했어요. '그림책방을 하자'고 마음을 먹는 데는 그리 오래 걸리지 않았어요.

  저는 그때까지 그림책은 그냥 남들 좋아하듯이 좋아했어요. 출산 축하 선물로 친구에게 그림책을 선물한 적도 있었죠. 그렇지만 어른이 되고서 '그림책이 정말 좋아', '언젠가 그림책방을 하고 싶어', '그림책에 관련된 일을 하고 싶어' 같은 생각을 한 적은 없었죠.

  "준비를 단단히 하고 문을 열었나요?"

  "오랫동안 간직한 꿈을 이뤘나요?"

  이런 질문을 자주 받아요. 그런데 정말 우연이었어요. 공간이 먼저 생겼고, 그러고는 문득 '그림책방'이 떠올랐어요. 그야말로 느닷없는 시작이었죠.

2
한 평반 좁디좁은

신간은 새로 나온 책,
신국판과 국판은
책 크기를 말해요.

그림책방을 하려면 먼저 그림책부터 들여야 하죠. 저는 서점이나 출판사에서 일한 경험이 없었어요. 굳이 꼽자면 스무 살 즈음에 서점에서 재고를 조사하는 야간 아르바이트를 두 번 정도 했어요. 바코드 스캐너를 들고 선반에 꽂혀 있는 책을 한 권 한 권 꺼내서 몇 권인지 입력하는 작업이었죠. 한밤중에 문 닫힌 책방에 들어갈 때 두근두근하던 기억이 나요.

중고책은 들여오기가 쉬울까. 소아과 옆이라서 위생을 생각하면 오래된 책은 안 되겠지. 새 책만 파는 그림책방으로 하자. 주변 사람들에게 그림책방을 열겠다고 선언했지만 정말 바닥부터 시작해야 했어요.

'그림책은 도대체 어떻게 들여오는 거지?'

여기저기 물어봤죠. 서점에서는 도서 총판(도매) 업체를 만나 계약하고, 이 도서 총판을 거쳐 여러 출판사가 낸 책을 들여오는 방식이 일반적이었어요. 도서 총판도 대형에서 중소형까지 이런저런 업체가 많았어요. 도서 총판하고 계약하면 그 총판하고 계약한 출판사들이 낸 책을 모두 들여올 수 있었죠. 반품도 할 수 있는 장점은 덤이었고요.

단점도 있었죠. 마진을 떼기 때문에 이익률이 낮아져요. 게

다가 새로 문을 열어서 거래 실적이 없는 서점은 계약 조건도 안 좋았어요. 결정적으로 계좌를 트려면 계약금이 들었어요. 책을 많이 팔 수 있으면 몰라도, 한 평 반짜리 가게에서 올리는 매출에서 마진을 떼고 나면 이익이 거의 안 남겠다 싶었죠. 아무 경험도 없고 신용도 없는 상태에서 시작하는 그림책방이라 도서 총판이 쉽게 거래를 터줄 리도 없었어요.

그림책은 표지가 매력적이니까 책은 눕혀서 진열하기로 했어요. 그러다 보니 평당 재고 금액이 더더욱 줄어서 더더욱 계좌를 틀 수 없었죠.

그러다가 중소 서점을 지원하는 회사에서 일하는 담당자하고 이야기를 하게 됐어요. 도서 총판을 거치지 않고 직거래할 수

있는 출판사 담당자를 만나 상담도 했어요. 두 사람 다 응원한 다고 말했지만, 한 평 반짜리 그림책방은 충분한 매출을 보장할 수 없었죠. 작은 책방하고 거래하는 도서 총판에도 계좌를 틀 수 없었어요. 책방을 열어도 책 들여오는 일은 힘들다는 사실을 뼈저리게 느꼈습니다.

그림책 입고를 준비하면서 한 평 반짜리 가게를 만드는 데도 속도를 냈어요. 책방 로고는 디자이너로 일하던 여동생 나카지마 나오에게 부탁했고요.

제한된 조건에서 가게를 꾸릴 수밖에 없었죠. 한쪽 벽면은 컬러 벽지로 하고 싶었지만, 카탈로그를 보니 예산에 맞는 색은 열두 개뿐이었어요. 노란색과 분홍색이 예뻐 보였어요. 노란색을 골라서 정면에 보이는 벽만 칠했어요. 디아이와이가 특기인

두 살 때부터 친구
리에 아야

소꿉친구 오카모토 리에가 일러스트를 그린 그림책

마사키 선생님은 동생의 대학 은사

선배가 벽에 책장도 달아줬어요. 동생이 디자인한 어린이 의자 일곱 개와 좁은 가게에 맞춘 계산대도 그 선배가 만들어줬죠.

인테리어도 끝나고 그림책을 진열하기만 하면 되는 단계까지 왔어요. 작은 책방이라고 해도 60~70종을 놓을 수 있는 책장을 달아놓으니 알음알음 들여온 몇 권 가지고는 썰렁한 느낌이 났죠.

30종을 목표로 입고할 수 있는 그림책을 고르기 시작했어요. 가족이나 주위 사람들한테서 소개를 받기로 했죠. 자비 출판을 하거나 자체 제작하는 작가들 그림책을 들여와서 책장을 어느 정도 채웠어요. 제 소꿉친구가 낸 그림책과 동생이 대학 때 만난 은사와 친구들이 낸 그림책처럼 아는 사람들 작품을 먼저 진열했죠. 다른 서점에서 자주 눈에 띄는 유명한 그림책은 없었지만, 만든 사람의 얼굴을 아는 그림책이 책장에서 어깨를 나란히 했어요.

   2011년 1월이 다가왔어요. 특별한 광고도 없이 한 평 반 좁디좁은 곳에서 무지개 그림책방은 살며시 문을 열었습니다.

일본에서 가장 작은 그림책방으로 불릴 정도로 좁아요!

3
책방 이름 짓기

이름은 어떻게 지을까요. 어떤 업종이든 자기 철학을 담아 가게 이름을 만들겠죠. 그림책방을 하기로 결심한 뒤 가게를 열기 전부터 품은 생각이 있었어요. 아무리 작아도 그림책만 팔지 말고 작은 갤러리도 함께 열어서 그림책을 만드는 사람들이 작품을 발표하는 공간을 꾸미려고 했어요.

처음에는 '그림책 갤러리'라는 말이 들어가는 이름부터 공책

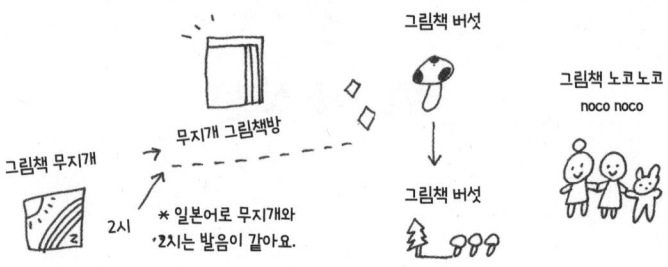

에 써 내려갔죠. 세련된 이름보다는 익숙해서 외우기 쉬운 이름을 염두에 두고 후보에 올렸어요. 다른 가게하고 겹치지 않게 한다는 원칙만큼은 확실했어요. 좋은 이름이 생각나면 바로 인터넷으로 검색했죠. 키우는 강아지의 이름을 가장 붙이고 싶었는데, 검색하니 나무 장난감을 파는 가게가 나왔어요. 이미 누가 쓰고 있었구나! 제 강아지 이름은 소리도 리듬도 좋아서 외우기 쉬웠거든요. 이 이름은 쓸 수 없다니!

다른 반려견의 이름도 검색했어요. 같은 이름을 쓰는 카페와 잡화점이 인기를 끌고 있더군요. 소리의 울림이 예뻐서 뜻밖에 많이 쓰는 이름이었어요. 그래서 이번에는 그 이름 앞뒤로 '그림책방'이나 '갤러리' 같은 단어를 붙여보면서 여러 이름을 노트에 썼어요. 몇십 개를 써 내려간 끝에 가장 마지막으로 정한 이름이 '무지개 그림책방'이에요.

'무지개 그림책방'은 인터넷에서 검색해도 겹치는 가게나 회

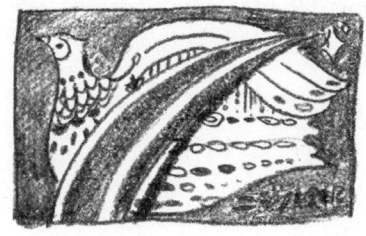 

고로리에(아오야마 야스코)가 만든 도장들

사가 없는 듯했어요. 검색 결과 가장 위에 센다이에 사는 지우개 도장 작가의 블로그가 떴어요. 이 블로그에 무지개라는 단어를 입력하니 판화 작품이 나왔는데, 평소에 알던 지우개 도장의 수준을 뛰어넘는 훌륭한 작품이었죠.

블로그를 한참 둘러보고서 지금은 아오야마 야스코라는 이름으로 활동하는 '고로리에'라는 작가가 블로그 주인이라는 사실을 알았어요. 정말 멋져서 사진을 자꾸자꾸 클릭했죠. 예쁜 작품이 가득했어요. 그러다가 고로리에 작가가 가게용 도장도 만든다는 사실을 알게 됐어요.

인연이라는 생각이 들어서 곧바로 무지개 그림책방의 도장도 만들어 달라고 메일을 보냈어요. 무지개 그림책방이라는 서점을 시작한다, 이런 마음으로 가게를 꾸리려고 한다고 열의를 담아 편지를 썼죠. 만난 적도 없는 작가에게 멋대로 운명을 느끼고 느닷없이 연락을 했죠. 그때부터 메일을 주고받기 시작했고, 드디어 어떤 영감을 받은 고로리에 작가가 도장 두 개를 만들어줬어요. 무지개 그림책방이 문을 열기 직전인 2010년 12월에 벌어진 일입니다.

4
첫 달 매출 37만 원

도요마스

첫 직원 도요마스하고 이인삼각으로 가게를 만들어갔어요.

하던 일을 계속하면서 책방을 시작한 탓에, 같은 층에 있는 가게가 영업하는 날에 맞춰 평일 며칠만 문을 열었어요. 한동안 무슨 가게인지 궁금해하는 사람이 많았다고 해요. 가까운 가게에 전단지를 놔두고 꾸준히 홍보한 보람이 있었어요. 소아과와 약국에 온 환자나 같은 건물 사람이 놀러오고, 그림책을 좋아하는 손님도 조금씩 찾기 시작해서 단골손님도 천천히 늘었죠.

연극배우 도요마쓰가 들어온 뒤 그림책 낭독 프로젝트가 더 폭넓어졌어요.

그림책방을 지키는 직원도 뽑았습니다. 도요마스는 대학교를 졸업한 지 1년 된 배우 지망생이었어요. 그 친구하고 이인삼각으로 책방을 운영하면서 여러 가지 일에 도전했어요. 도요마스는 그림책 낭독에 흥미가 있었어요. 이야기를 나누다가 아이디어를 얻어서 가까운 보육원 등을 찾아가 책을 읽어주는 낭독 프로젝트를 시작하게 됐어요. 그림책 낭독이 그림책 판매로 이어지기를 바라는 마음도 있었죠. 먼저 그림책방 아래층에 자리한 영어 유치원부터 찾아갔어요.

책방을 열고 반년 정도 지난 무렵, 도요마스가 유명한 디자

이너가 만든 멋진 그림책이 있다고 이야기했어요. 환경 문제를 다루는데, 표지가 노란색이라는 거예요. 흥미로웠어요. 노란색 벽지가 있는 무지개 그림책방에 어울릴지도 모른다고 생각했죠. 저자가 그림책 작가가 아니니 직접 들여올 수 있을지 메일로 물었어요. 정중하게 쓴 답장이 왔어요.

"부디 입고해주세요."

자기가 가진 책은 없으니 출판사에 물어보라고 했어요. 출판사에서는 직접 거래하기 어렵다는 답이 왔어요. 여기서 포기할 수는 없었죠. 저는 굽히지 않고 호소했어요.

"저자가 무지개 그림책방에서 판매하고 싶어해요."

그러자 중소 서점에 책을 공급하는 도매업체라면서 '아동문화보급협회'를 알려주더군요.

그 뒤 일반 서점으로 유통되는 그림책은 아동문화보급협회에서 들여오고 있어요. 아동문화보급협회는 주문 금액이 30만

첫 한 달 매출은 37만 원.
책이 팔렸다. 그것만으로도 기쁘다.

원을 넘으면 배송료가 없었어요. 매절 계약을 하면 일요일과 목요일에 주 2회 발주할 수 있었고요. 새로운 입고 경로가 생겨서 상품이 다양해지고 판매할 수 있는 책도 많아졌어요.

무지개 그림책방은 눈앞에 닥친 상황에 하나하나 대처하면서 시작했어요. 가게는 열었지만 운영에 관련된 구체적인 그림은 없었어요. 겨우 한 평 반짜리 가게라서 어떻게 해도 매출이 충분하지 않았어요. 책을 들여올 경로를 간신히 찾기는 했지만 이대로 유지만 하다가는 이익이 안 날 텐데, 책방을 계속할 수 있을까? 가게를 연 지 반년이 지나서야 이런 사실을 깨달았어요.

이러다가 직원 급여조차 감당할 수 없게 되지 않을까? 불안할 정도로 책이 안 팔리는 날도 있었어요. 적어도 일하는 직원이 안심하고 다닐 수 있는 정도로 매출을 올려야 했어요. 뭔가 대책을 세워야 한다는 생각이 들었죠.

5
만드는 이와 읽는 이를 잇는 무지개 다리

그림책방을 시작하면서 가장 먼저 정한 방침은 '나만이 할 수 있는 일'을 하자는 거예요. 영업 시간이나 가게 크기, 입고 경로 같은 제약이 많지만, 이런 약점을 장점으로 바꿀 수는 없을까? 이를테면 일반적인 방법으로 책을 들여올 수 없을 때는 작가 본인이나 아는 사람한테서 들여올 수밖에 없겠죠. 그러면 아는 작가들이 만든 그림책이 모이게 됩니다. 처음에는 알고 지낸 유명작가(서점에서 판매되는 그림책을 그리는 작가)가 없어서, 독립출판물인 '인디 그림책'만 들여올 수 있었어요.

그렇게 되자 다른 데서는 거의 살 수 없는 그림책, 바꿔 말하면 일반 서점에서는 취급하지 않는 그림책이 모였어요. 결과적으로 '여기서만 살 수 있는 그림책'이 늘어선 책방이 됐죠. 무지개 그림책방 한 평 반 안에는 작가가 직접 만든 그림책이나 아는 출판사에서 따로 들여온 그림책이 가득했어요. 책 가짓수는 적었지만 우리만의 특징이 됐죠.

서점에 유통되지 않는 '인디 그림책'   무지개 그림책방에 와야만 살 수 있는 책.

무지개 그림책방에서 책을 팔기 시작했다고 알리자, 작가들도 기뻐하며 그림책을 보러 왔어요.

'그래, 아는 작가의 그림책과 독자를 이어주는 일을 하자! 그림책 서점에서 작가를 만날 수 있으면 독자도 기쁘겠지. 우리 서점을 그런 곳으로 만들면 좋겠다.'

책방 이름을 '무지개 그림책방'으로 정할 때는 그림책 만드는 이와 그림책 읽는 이를 잇는 무지개 다리가 되고 싶었어요. 그 목표를 달성하는 길에 막 들어선 제가 할 수 있는 일이 점점 보이기 시작했죠.

그림책방을 시작하기 훨씬 전부터 친구하고 둘이서 플라워 아트 활동을 했어요. 활발하게 활동하려면 돈이 꽤 필요한데, 돈 들이지 않으면서 작품을 전시하고 판매할 수 있는 방법을 여러 가지로 궁리한 적이 있었죠. 만드는 사람인 적이 있어서 그

친구랑 2인조로 플라워 아트 활동도 했어요.

림책방을 시작할 때는 만드는 사람의 마음에 다가서는 서점을 하고 싶었어요.

그림책 작가가 작품을 발표하는 곳으로 우리 책방을 쓰면 해서, 한쪽 벽면은 책장을 놓지 않고 전시 공간으로 만들었어요. 작기는 해도 갤러리 공간만큼은 처음부터 확보한 셈이죠.

6
내가 팔 책은 내가 만들자

책방 문을 연 지 1년이 됐지만 그림책을 들여오는 방식은 달라지지 않았어요. 그림책 들여오는 일이 이렇게 어렵다면 아예 내가 직접 만드는 게 좋겠다고 생각했죠. 출판사에서 직접 책을 들여올 때 매입가는 정가의 70~90퍼센트예요. 1만 원짜리 그림책을 팔아도 1000~3000원밖에 남지 않는 상황을 어떻게 바꿀지 계속 생각했어요.

'내가 만든 그림책이라면 팔린 만큼 이익이 생길 거야! 사 와서 팔기보다 만들어서 팔면 이익이 더 많아지지 않을까?'

빵집이 빵을 만들어 팔듯이 그림책방이 그림책을 만들어 파는 건 자연스럽지! 지금 돌이켜 생각하면 정말 허술한 아이디어였어요. 그림책방을 1년 가까이 운영한 경험이 있기는 하지만 그때는 출판이 뭔지 전혀 몰랐으니까요. 놀라울 만큼 무모한 생각이지만, 일단 해보자고 다짐했죠. 제 머릿속에는 '그림책을 만들어보자'는 생각이 가득했어요.

빵집은 가게에서 빵을 만든다.
그림책방은 책방에서 그림책을 만든다!

7
하라페코 메가네를 만나다

무지개 그림책방을 연 2011년 가을, 책방 도장을 만든 고로리에 작가가 도쿄에서 열리는 이벤트에 참가한다고 해서 만나러 갔어요. 많은 작가가 참가한 이벤트를 둘러보다가 예쁜 일러스트를 그린 종이로 만든 아이템을 파는 부스를 발견했어요. 일러스트레이터로 보이는 여성이 캐리커처를 그려주고 있었죠. 일러스트가 마음에 들어서 저도 그려 달라고 부탁하고, 캐리커처

를 그리는 동안 이야기를 나눴어요. 지금은 세키 가오리라는 이름으로 활동하는 일러스트레이터 '도도로키 로쿠'였어요. 남편 하라다 신야하고 '하라페코 메가네'라는 팀을 만들어서 일러스트를 그리고 있다고 했어요. 이야기를 좀더 하다가 두 사람이 도리츠다이가쿠에 살고 있다는 걸 알게 됐어요. 기막힌 만남에

하라페코 메가네, 군침 도는 음식 담당 하라다 신야(왼쪽)와 귀여운 캐릭터 담당 세키 가오리.

놀랐어요. 저도 도리츠다이가쿠에서 그림책방을 하니까 꼭 놀러오라고 했어요. 일러스트가 귀여워서 물어봤어요.

"그림책은 안 그리세요?"

"하고는 싶은데, 아직 못 해봤네요."

학교 다닐 때 시도해본 적은 있다면서, 그리고 싶은 장면이 떠올라도 처음부터 끝까지 이야기를 이어가기가 어려웠다고 했어요. 그럴 수도 있겠다고 생각하면서 그림책방에서 다시 만나자는 약속을 한 뒤 그날은 헤어졌어요.

2012년 1월. 해가 바뀐 뒤 어느날 무지개 그림책방에 놀러온 두 사람에게 제안했어요.

"함께 그림책을 만들어요"

두 사람이 그린 작품을 접한 때부터 막연하지만 즐거운 상상을 했어요. '하라페코 메가네가 만든 그림책이 나오면 좋겠다', '이 사람들하고 함께하면 그림책을 만들 수 있을지도 몰라.' 틀림없이 예쁜 책이 태어나리라는 느낌이 들었어요.

    그림책을 만들려던 참에 그림책을 만들고 싶어하는 두 사람을 만나다니. 자연스럽게 함께하자고 제안할 수밖에 없었죠.

무지개 이야기 ①
어쩌다 그림책
･････
하라페코 메가네 그림책 작가

더운 여름날이었어요. '하라페코 메가네'는 2011년 9월에 꾸린 작가 그룹이에요. 만든 지 얼마 안 돼 아트 이벤트에 참가했죠. 활동의 절반을 차지하는 캐리커처 그리기를 하면서 오리지널 굿즈를 팔고 있었어요. 더운 날씨에 바깥에서 하는 이벤트여서, 온몸이 땀투성이가 된 채 멀어지는 의식을 붙잡으며 캐리커처를 그렸죠.

"어머! 이게 뭐야. 정말 예쁘다!"

한 여성이 이렇게 말하면서 다가왔어요.

"와, 정말 귀엽다! 저도 이거 할래요!"

아야 대표를 그렇게 처음 만났습니다. 캐리커처를 그리면서 이야기를 나눴는데, 1년 전부터 그림책방을 운영한다고 했어요. 일러스트레이터로 막 첫발을 내디딘 우리도 그림책에 흥미가 있어서 이것저것 이야기를 들어봤죠. 서점이 메구로 구에 있고 가장 가까운 역이 도리츠다이가쿠라는 거예요. 우리도 도쿄

에 올라온 뒤 줄곧 도리츠다이가쿠에 살고 있어서 분위기가 금세 달아올랐죠. 다음에 꼭 그림책방을 들른다고 하고 캐리커처를 건넨 뒤 헤어졌어요. 이런저런 사정 때문에 이듬해 1월에야 책방을 찾았어요.

책방에 들어서자마자 아야 대표가 말했죠.

"오랜만이에요. 우리 그림책 만들어요!"

"네?"

"하라페코 메가네랑 그림책을 만들고 싶어요."

"아, 네. 그러죠."

그림책 만들기가 난생처음인 사람들끼리 이렇게 만나서 필사적으로 만든 책이 바로 《프루트 펀치Fruit punch》입니다. 만난

첫 작품 《프루트 펀치》

지 1년도 안 된 우리 세 사람이 그림책을 한 권 만들어냈어요.

지금도 우리가 그림책을 계속 만들 수 있는 건 아야 대표를 만난 덕이었어요. 아야 대표는 겉보기하고 다르게 힘이 넘치고 결단이 빨라서 뜻밖에 기댈 수 있는 사람이에요. 고마워요.

앞으로도 잘 부탁합니다.

그림책 이야기 ①
그림책을 들여와 파는 일

무지개 그림책방이 그림책(작품)을 들여오는 방식에는 '위탁'과 '매절'이 있어요. 위탁은 상품을 맡아서 판 만큼 나중에 정산하는 방식이고, 매절은 처음부터 사들이는 거예요. 위탁한 책을 팔지 못하면 반품할 수 있는데, 무지개 그림책방은 반품을 전제로 한 위탁은 하지 않아요. 대신에 책을 다 판 뒤 재입고를 할 때 정산합니다. 들어오는 단계에서 돈을 지불하면 운영이 힘들어지니까 거래처에 양해를 구하고 이렇게 했어요.

애초에 저는 반품을 전제로 그림책을 들여놓는 방식이 이해가 잘 안 됐어요. 팔릴지 말지 알 수 없는 그림책 때문에 위험을 감수하기는 솔직히 어렵죠. 그래도 일단 들여놨으니 책임감을 갖고 시간이 아무리 오래 걸려도 팔아보자고, 독자에게 건네려 노력하자고 생각했어요.

처음 책방을 열 때는 '입고할 때 지난번 입고 분량을 정산'하는 방식으로 운영했지만, 취급하는 상품 수가 많아지면서 정산을 관리하기가 점점 힘들어졌어요. 제가 책을 낸 뒤에 출판사로서 '도매하는 쪽'이 돼 깨달은 사실도 있어요. 도매하는 쪽에서는 '매절' 계약을 하는 업체가 고맙죠. 그만큼 소매 업체에도 이득이 되는 조건을 제시합니다. 요즘 무지개 그림책방은 매절로 그림책을 들이되 도매가를 낮추는 협상을 하고 있어요.

책을 '들여오는 처지'와 '도매하는 처지'를 다 알기 때문에 보이는 부분이 있는 셈이죠. 막 책방 문을 열고 책을 들여오는 데 익숙하지 않을 때는 위탁 판매가 큰 도움이 됐어요. 그림책은 만드는 데 돈이 많이 듭니다. 도매가를 지나치게 낮추면 책을 만드는 사람에게 미안한 마음도 들어요. 그렇지만 이익이 나지 않는 그림책을 팔아서는 가게를 계속 운영할 수 없어요. 지속 가능한 판매 전략을 세우는 일이 중요하다고 봐요. 그런 면에서 그림책을 들여오는 과정에는 많은 실마리가 숨어 있어요.

얼마 전에 무지개 그림책방에서 파는 굿즈를 만드는 작가가 연락을 해왔어요.

"안 팔리는 재고는 가져가고 팔릴 만한 굿즈로 교환할게요."

쉽게 말해서 재고를 돌려보내 달라는 반품 의뢰였죠. 직원이 제게 물었어요.

"반품 배송료는 누가 부담하나요?"

"글쎄? 반품?"

저는 이렇게 되물었고요. 한번 들여온 물건은 대부분 반품

없이 팔았기 때문에 그런 질문은 당혹스러웠어요.

    지금까지는 명확한 과실이 있을 때만 책이나 굿즈를 반품했어요. 그런 반품은 배송료를 누가 부담할지 정해놔서 고민할 일이 없었거든요. 이 일을 계기로 그림책이나 굿즈를 새로 들여올 때는 단순 반품 배송료도 미리 정해야 한다는 점을 배웠습니다.

2장

그림책을 만들기 시작했어요

1
첫 그림책

하라페코 메가네가 쓰고 그린 그림책을 만들기 시작하면서 정한 원칙은 '두 사람의 작풍을 살린다'뿐이었어요. 어떤 그림책을 만들지는 셋이 셀 수 없이 만나 의논했어요. 그렇게 해서 무지개 그림책방이 제작한 첫 그림책《프루트 펀치》를 만들었어요.

어릴 때부터 '수박 그릇'을 좋아해서 프루트 펀치를 주제로 삼았어요. 여러분도 그림책에 나오는 커다란 과일 그릇이나 이

파리 접시를 갖고 싶지 않았나요? 엄마에게 몇 번인가 수박 그릇을 만들어 달라고 조른 기억은 있지만, 소원이 실현된 적은 한 번도 없었어요.

수박 그릇에 담긴 프루트 펀치는 제게 로망이나 마찬가지예요. 틀림없이 모두 두근두근 설레어 할 거야! 이런 제 마음을 하라페코 메가네가 받아줘서 그림책으로 만들기 시작했죠. 처음부터 한 권에 그치지 않고 꼭 시리즈로 만들고 싶었어요. 시험 삼아 한 권 내보는 정도는 누구든 할 수 있다고 생각했고, '한 번 반짝하고 사라지기는 싫다'는 마음이 막연하게 있었거든요. 적어도 세 권은 내자고 정해놓고 그림책을 만들기 시작했어요. 제게는 큰 도전이었죠.

"처음에는 프루트 펀치로 하고, 두 번째나 세 번째 작품이랑

그림책은 어떻게 만들지?

균형도 고려해야겠지."

'하라페코'라는 이름을 단 시리즈로 만들자고 셋이 다짐하고는 제작에 속도를 냈어요. 그런데 저도 하라페코 메가네도 그림책을 만든 경험이 없었어요. 그림책 제작은 낯선 일이었죠.

먼저 프루트 펀치라는 주제를 이끌 캐릭터를 정했어요. 인물 담당인 가오리 작가가 온갖 패턴을 그렸어요. 주인공은 남자 아이로 할까? 여자 아이가 좋을까? 아니 사람으로 할지 말지부터 고민해야지? 이런 단계부터 일러스트 아이디어를 모아갔어요. 신야 작가는 음식 재료 일러스트를 그렸어요. 무슨 과일이 있으면 두근두근할까, 어떤 장면을 보여줄까, 무슨 글자를 어디에 넣을까. '함께 만들고 함께 판다'는 모토로 내걸고 이리저리 방법을 찾아가면서 그림책을 만들었어요.

바코드에는 ISBN과 가격 정보가 들어있어요.

'함께 만들고 함께 판다'는 모토를 내건 이유는 우리가 만든 그림책은 우리 스스로 팔자는 마음이 있기 때문이에요. 그림책이 읽는 사람의 손에 건네질 때까지 만드는 사람이 당연히 책임감을 가져야 한다는 생각은 서로 공유하고 있었어요. 그림책을 만들어 세상에 내놓을 때까지 서로 할 일을 나누고, 머릿속에 떠오른 아이디어를 전달하고, 좀처럼 판단하기 어려운 일은 머리를 맞대어 고민하고, 모르는 문제는 함께 알아본다. 이런 팀워크 덕에 함께 만들기 시작한 지 반년 만에 그림책을 출간할 수 있었어요.

처음 하는 인쇄와 제본

그때까지 그림책방에서 그림책을 팔고는 있었지만, 책이 만들어지는 과정이나 제작에 관련된 규칙은 거의 몰랐어요. 이를테면 그림책뿐 아니라 일단 단행본의 페이지 수는 8이나 4의 배수라는 규칙이 있어요. 커다란 종이를 효율 좋게 재단하고 인쇄하고 제본하는 데 필요한 기초 중의 기초예요. 이런 기초 지식도 인쇄와 제본을 맡아준 인쇄업체 영업자가 알려줬어요.

또한 서점에서 유통되는 책에는 국제표준도서번호ISBN라는 서적 코드가 붙는데, 책을 내려면 반드시 아이에스비엔 바코드를 발급받아야 한다는 사실도 모르고 있었어요. 표지나 속표지 말고도 '책등'이나 '표제면'처럼 책의 각 부분을 부르는 이름이 따로 있다는 사실을 지금은 알지만 그때는 전혀 몰랐죠. '판권면'이라든지 '책날개'처럼 업계 사람들 입에서 모르는 단어가 튀어나올 때마다 무슨 말이냐고 묻고 메모했죠. 외워야 할 게 정말 많았어요.

그중에서 가장 모른 부분은 비용이었어요. 저자에게 인세를 얼마 줘야 적당한지, 지급 시점은 언제인지, 인쇄비와 제본비는 어느 정도로 정하면 좋은지. 아무것도 모른데다가 물어볼 사람도 별로 없어서 그냥 감으로 정했어요.

그림책을 만드는 지식이나 노하우는 없었지만, 하라페코 메

ISBN이 없으면 "삐" 할 수 없어요.

가네 두 사람은 그래픽 디자이너로 일한 덕에 레이아웃을 하고 데이터를 작성하는 단계까지는 손수 할 수 있었어요. 뭐든 처음 하는 일이라 어쩌면 멀리 돌아왔을지도 몰라요. 그렇지만 하라페코 메가네 두 사람하고 함께한 덕에 우리 스스로 인정할 수 있는 그림책을 완성할 수 있었어요.

미시마 출판사 영업자 와타나베

아이에스비엔이 뭐지

책 뒤에 있는 바코드는 계산하려고 '삐' 소리를 낼 때만 필요한 줄 알고 있었어요. 무지개 그림책방의 그림책은 우리가 만들어서 우리가 독자에게 전하는 '인디 그림책'이니 딱히 유통 코드는 필요없다고, 바코드는 '메이저' 출판사나 붙인다고 생각했어요. 영업하러 간 자리에서 이런 말을 듣기 전까지는 몰랐어요.

"아이에스비엔이 붙어 있으면 입고할 텐데……."

2015년 12월이었습니다. 무지개 그림책방 옆 동네인 지유가오카에 자리한 미시마 출판사에 인사를 하러 갔어요. 얼마 전 미시마 출판사가 교토에서 운영하는 서점에 들른 적이 있는데, 도쿄에 돌아가면 출판사로 인사하러 가자고 생각했거든요.

미시마 출판사에서 영업을 담당하는 와타나베가 우리를 따

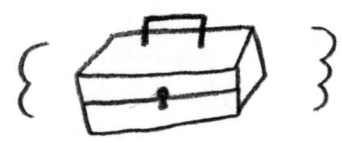
금전 등록기가 없어서 아이에스비엔은 필요 없다고 생각했죠.

뜻이 맞았어요. 와타나베는 출판업계에서 오래 일해서 여러 이야기를 들려줬죠. 무지개 그림책방이 낸 그림책을 소개하자 와타나베가 물었어요.

"왜 아이에스비엔을 붙이지 않았나요?"

저는 바로 대답하지 못하고, 왜 아이에스비엔을 안 붙였을까 자문자답하기 시작했죠.

'필요없다고 생각했으니까……?'

'그런데 왜 필요없다고 생각했지? 애초에 왜 붙이지 않는다는 선택을 했을까……?'

이런 생각들이 머릿속을 돌고 돌아 결국 이렇게 대답했어요.

"붙이는 방법을 몰랐어요……."

처음부터 아이에스비엔을 알아보지도 않은 거였죠. 그런 인식조차 없었기 때문이지만 말이죠. 와타나베는 자리에서 일어

나더니 파일을 하나 갖고 왔어요. 그러고는 인터넷으로 신청하면 발급받을 수 있다는 사실을 비롯해 아이에스비엔에 관해 꼼꼼히 설명했어요.

책방으로 돌아와서 바로 신청 절차를 밟았죠. 며칠 뒤 무사히 무지개 그림책방이 쓸 아이에스비엔을 받았어요.

그림책 초판 인쇄 부수와 증쇄

인쇄업체와 제본업체를 정할 때는 인터넷으로 알아보기도 하고 몇 군데 견적도 받았어요. 시세를 잘 모르니 싸게 해줬다고 하

하라페코 시리즈는 향토 음식을 그립니다.

면 그렇구나 하고 곧이곧대로 받아들였어요.

《프루트 펀치》는 초판을 1000부 찍었어요. 제작 부수를 그렇게 정한 이유도 별달리 없었어요, 500부를 찍든 1000부를 찍든 인쇄비에 큰 차이가 없기 때문이죠. 500부를 찍으면 아까울 듯해서 그렇게 정했고요. 그렇다고 1000부를 다 팔 자신이 있지는 않았어요. 하라페코 메가네도 첫 그림책이어서 어느 정도 팔릴지 전혀 짐작할 수 없었죠.

지금도 1000부를 찍을지 2000부를 찍을지, 정가를 얼마로 할지 많이 고민한 뒤에 제작 부수와 책값을 정합니다. 많이 찍으면 제작 단가는 낮아지지만 한 번에 지불하는 제작비가 올라가기 때문에 답이 바로 나오지 않아요. 평균 2000부씩 제작할 정도의 자금이 늘 있으면 좋겠죠.

《프루트 펀치》가 얼마나 팔릴지 모른 채, 책을 내고 두 달 뒤인 9월부터 저와 하라페코 메가네는 다음 그림책인 《스키야키》를 만들기 시작했어요. 시리즈로 만들기로 했으니까 예정대로 진행했죠. 셋이서 그림책을 만드는 일이 즐거웠거든요.

초판 1000부를 찍은 《프루트 펀치》는 2014년 6월에 1000부를 증쇄했어요. 세 번째 그림책인 《햄버거》를 출간하는 시점에 맞춰 많은 지점을 둔 어느 티셔츠 브랜드에서 하라페코 메가네 페스티벌을 시작했거든요. 페스티벌 때 곳곳의 매장에 깔 《프루트 펀치》와 《스키야키》가 필요하다는 대량 주문이 들어와서 증쇄 비용을 마련할 수 있었어요.

보육원 등에 아이들 선물용으로 《프루트 펀치》를 할인 가격에 파는 생각도 했어요. 그런 면에서 출판을 시작한 건 상당한 의미가 있었고, 많지는 않지만 대량 주문을 받게 됐어요. 곳곳에서 열리는 이벤트에도 더 자주 참가했어요. '함께 만들고 함께 판다'는 슬로건대로 열심히 홍보하러 다녔고, '하라페코 시리즈'는 재고가 순조롭게 줄었어요.

2
두 가지 말 그림책

무지개 그림책방이 자리한 도리츠다이가쿠 역 주변은 작은 상가 안에 근사한 카페와 가게가 알맞게 섞여 있어요. 아이 키우는 가족이나 나이 지긋한 어르신 등 폭넓은 연령대가 오가는 동네예요. 세대나 국적에 관계없이 살기 좋은 곳인지 외국인 가족도 의외로 많죠. 어느 날 그림책을 사러 온 한 여성이 물었어요.

"딸이 국제결혼을 해서 외국에 살아요. 손자에게 책을 선물하고 싶은데, 일본어와 영어가 같이 쓰인 그림책이 있을까요?"

서점 아래층에도 영어 유치원이 있어서 이중 언어로 된 그림책이 있냐는 문의를 자주 받았어요. 무지개 그림책방은 일본어 그림책만 다뤘죠. 일본어와 영어를 함께 쓰면 더 많은 사람이 즐길 수 있겠다는 생각이 들었어요. 그러던 어느 날 《프루트 펀치》를 놓아준 근처 카페의 주인이 알려주더군요.

"저번에 보니까 외국인 엄마가 혼혈인 아이에게 그 책을 더듬더듬 읽어주더라."

무지개 그림책방의 그림책을 카페 공간에 놓아줬어요.

《프루트 펀치》는 히라가나로 써서 그 엄마가 더듬더듬 읽을 수 있었지만, 한자나 일본어를 전혀 모르는 사람이라면? 그 이야기를 듣고서 무지개 그림책방에서 내는 그림책은 되도록 독자를 선택하지 않는 방향으로 만들자고 결심했어요.

"그래, 다음에 내는 그림책부터는 이중 언어로 하자."

이렇게 해서 무지개 그림책방의 그림책은 모두 두 가지 말로 만들게 됐어요.

두 번째 그림책은 프루트 펀치하고 전혀 다른 음식을 해보고 싶어서 스키야키를 주제로 골랐어요. 전골이나 카레도 후보에

2012년 9월, 아사쿠사에 스키야키를 먹으러 갔어요. 엄청 먹었답니다.

올랐지만, 세상을 떠난 사카모토 큐(동양인 최초로 3주 연속 빌보드 차트 1위를 기록한 일본 가요계의 전설 — 옮긴이)가 부른 히트곡 〈하늘을 보며 걷자〉가 미국에서 〈스키야키 Sukiyaki〉라는 제목으로 히트한 사실을 기억하고 있었거든요. 외국에서는 '일본 음식 하면 스키야키'로 알고 있겠지. 우리가 만든 책이 세계적으로 잘나갈지도 몰라. 그런 선입견에 사로잡혔죠. 그러나 이런 발상은 유럽에서는 전혀 통하지 않는다는 사실이 밝혀집니다. 그 이야기는 나중에 할게요.

3
여든여덟 살 초보 작가

그림책방을 열고 2년을 꽉 채웠어요. 저는 여전히 회사원이고, 책방 일은 주말에 했죠. 평일에는 가게를 지키는 직원이 오늘 어떤 손님이 왔는지, 손님들이 무엇을 원하는지 알려줬어요. 그러다가 한 손님에 관한 이야기를 몇 번이나 들었어요. 책방 근처에 사는 재미있는 할아버지인데, 젊을 때는 잡지 삽화나 만화를 그렸고, 데즈카 오사무(《우주소년 아톰》을 그린 일본 만화의 아버지 — 옮긴이)하고 아는 사이고, "《리본》(1955년 창간한 소녀 만화 월간지 — 옮긴이) 창간호부터 일했다는 내용이었어요. 그 손님이 올 때마다 이런 정보가 점점 늘어갔죠.

두 번째 오리지널 그림책인 《스키야키》를 출간한 뒤였어요.

"저도 그림책을 내고 싶은데, 대표님에게 전해주십시오."

그 손님이 이렇게 말하면서 직접 그린 원화를 책방에 맡겼어요. 다정한 분위기가 넘쳐흐르는 복고풍 그림이었어요. 한눈에 팬이 되고 말았죠.

미야사카 작가한테 편지가 왔어요.

미야케가 늘 알려줬어요.

바로 미야사카 에이이치 작가였어요. 이제껏 많은 삽화를 그렸지만 자기 이름으로 낸 그림책은 없었어요. '나만의 그림책을 내고 싶다'는 생각으로 여기저기 출판사에 원고를 가져갔지만 인연을 만나지 못한 모양이에요. 제 눈에는 젊은 사람은 그릴 수 없는 정겨움 가득한 그림이 오히려 신선해 보였어요.

무지개 그림책방이 만든 그림책은 '함께 만들어서 함께 판다'는 모토 아래 하라페코 메가네하고 진행한 두 권뿐이었죠. 안타깝게도 미야사카 작가가 오랜 세월 키워온 꿈을 흔쾌히 받

옛날에도 지금도 인기가 많은 미야사카 작가

아들일 만한 여유가 없었어요. 도서 총판하고 계약을 하지 않아서 책을 찍어도 서점에 뿌릴 수 없었고요. '함께 만들기'는 할 수 있어도 '함께 팔기'가 가능할까…….

미야사카 작가를 만나 무지개 그림책방이 지금까지 어떤 방법으로 그림책 두 권을 출판했는지 설명하고 솔직하게 물었어요.

"어느 정도 찍으면 선생님 주변 분들이 사주실까요?"

주변에서 얼마만큼 팔아줄지 예측할 수 있으면 어떻게든 해보자는 생각이었죠. 미야사카 작가가 한 대답은 이랬답니다.

"대부분 세상을 떠나서 책을 살 만한 사람은 거의 없어요."

미야사카 작가는 젊어 보이지만 여든여덟 살이었어요. 그 연세를 생각하면 당연한 대답이었죠.

4
크라우드 펀딩을 시작하다

미야사카 작가의 오랜 꿈을 이뤄주고 싶다는 마음도 있었지만, 《리본》의 창간호부터 일한 작가하고 함께 그림책을 만들면 배울 점이 많겠다고 생각했어요. 하라페코 그림책을 두 권 완성한 뒤 어느 작가를 만나 어떤 책을 만들지 미처 생각하지 못한 상황이기도 했고요.

미야사카 작가에게는 휴대전화나 노트북이 없어서 늘 집 전

화나 편지로 연락을 주고받았어요. 손글씨 편지를 받는 일은 요즘에는 드문 경험이라서 신선했죠. 미야사카 작가와 함께 그림책을 만들어 보자고 각오를 다졌죠. 제작비는 어떻게 마련해야 할까, 뭔가 좋은 아이디어는 없을까, 이리저리 머리를 굴렸어요.

어느 날 텔레비전을 봤어요. 외국에서 크라우드 펀딩이 새로운 모금 방법으로 주목받고 있다는 이야기가 나왔어요. 지금은 크라우드 펀딩이 붐이지만, 2013년에는 단어 자체가 낯설었고 주위에도 아는 사람이 없었어요. 새로운 사업이나 아이디어, 프로젝트에 필요한 자금을 웹사이트에서 모은다는 발상에서 한 줄기 희망이 보였죠.

일본에서 크라우드 펀딩을 하는 회사를 알아보고 미야사카 작가에게 의견을 물으니, 그렇게 해서 출판할 수 있다면 해보자

는 답장이 왔어요. 2014년 2월, 크라우드 펀딩을 시작했습니다.

미야사카 작가는 '모두 함께'라는 주제로 체육, 음악, 요리 등 과목별로 그림책을 만들고 싶어했어요. 작품 아이디어를 짜내는 동안 그림을 점점 많이 그려왔죠. 결국에는 도토리가 힘을 합쳐 씨름을 하는 《어서 겨뤄라》와 모두 함께 노래를 부르는 《노래합시다》를 같이 내기로 했어요.

걱정과 열정

크라우드 펀딩은 매우 멋진 시스템이라고 생각해요. 그 무렵에는 가까운 사람들에게 설명하면 수상쩍어 하는 등 대부분 단어조차 몰랐어요. 저도 마찬가지였죠. 텔레비전에서 크라우드 펀딩을 접하고 저런 것도 있구나 하는 정도였지, 설마 그 시스템을 이용할 날이 오리라고는 생각지도 못했어요.

그때는 크라우드 펀딩 플랫폼도 많지 않아서 대형 회사 두 군데에서 하나를 골라야 하는 상황이었어요. 직감에 따라 A사의 문을 두드려보기로 했어요. A사에 심사를 신청할 때 이 제도의 단점을 걱정하는 사람들에게 어떻게 비칠지 걱정이라고 솔직하게 전했어요. 문제가 생기면 저와 그림책방뿐 아니라 미야사카 작가의 명예에도 영향을 준다고 생각한 때문이었죠.

A사 직원은 걱정은 내려놓고 멋진 그림책을 세상에 내보내는 데 열정을 쏟아부읍시다는 답장을 보냈어요. 결국 A사와 크라우드 펀딩을 진행하기로 결정했어요.

책 만들기를 넘어 책 팔기로

제작비를 마련할 크라우드 펀딩을 하기로 했어요. 두 권을 동시에 출간하면 인쇄와 제본만 1000만 원 정도 견적이 나와서 목

쇼와 시대의 만화와 작가를 잘 아는 가와구치

표 금액을 1000만 원으로 정했어요. 그런데 크라우드 플랫폼 운영사에서 1000만 원은 달성 가능성이 낮으니 절반인 500만 원으로 하는 게 좋겠다고 충고했어요. 목표 금액을 달성하지 못하면 모인 돈이 사라지는 시스템이니까 가능성이 높은 금액으로 정하는 게 좋다는 거였죠.

그래서 1000만 원에는 못 미치지만 달성할 수 있는 금액으로 설정하기로 하고, 한 권의 인쇄·제본 비용에 해당하는 500만 원을 목표로 정해 크라우드 펀딩을 시작했어요. 목표 금액에서 절반으로 낮아졌다고는 해도 모르는 사람들이 정말 이 기획에 참여할까 걱정이 앞섰어요.

첫 크라우드 펀딩은 가까스로 목표 금액을 달성했어요. 그림책이라는 실물을 받을 수 있다는 점이 매력이 된 듯해요. 크라우드 펀딩이 예약 구매 사이트가 된 셈이었죠.

다만 사이트를 만드는 돈과 수고가 들었고, 특히 내 장사를 하려고 남에게 대놓고 돈을 달라고 하는 방식에 저항하는 마음이 마지막까지 남았어요. 이렇게 떨떠름한 기분이 들면 다시는 크라우드 펀딩을 이용하지 않을 듯했죠. 남이라고 해도 대부분 가까운 사람들이었고요. 부모님이나 친구에게 도와달라고 하지 않을 수 없었어요. 자금을 마련하기 어려운 현실을 다시 한 번 실감했죠.

물론 크라우드 펀딩을 이용해서 좋은 점도 있었어요. 가쿠도샤 출판사 대표이자 출판 디자이너인 가와구치 다카히로를 만났거든요. 가와구치 대표는 크라우드 펀딩 사이트에서 미야사카 작가 그림책 출간 프로젝트를 보고 무지개 그림책방으로 연락을 해왔어요.

"미야사카 선생님 그림책이라면 저도 꼭 함께하고 싶습니다."

어린이 만화 연구가이기도 한 가와구치 대표는 미야사카 작가의 경력을 잘 알고 있었고, 매우 흥미로워하면서 그림책 디자인까지 맡아줬어요. 다양한 책을 제작한 경험을 바탕으로 조언도 많이 했죠. 그중에서도 가장 마음 깊이 새겨진 말이 있어요.

"그림책을 만드는 데 들인 만큼의 시간과 노력, 열정을 그림책을 파는 데도 들였으면 해요."

'맞아! 바로 이거야!' 머리를 한 대 맞은 느낌이었어요. 그림책을 만든 뒤에는 차분하고 성실하게 그림책을 파는 일이 중요하다. 조금이라도 많은 사람에게 이 그림책을 알릴 수 있어야 한다. 이 말을 듣고 2년 동안은 그림책을 파는 데 전념했고, 무지개 그림책방은 당분간 자체 출판 프로젝트를 쉬기로 했습니다.

5
마쓰모토 가쓰지 작가의 가족

마쓰모토 집안 사람들

무지개 그림책방에서 그림책을 출판한 뒤 이메일이나 우편 등 다양한 방법으로 원고 투고와 상담을 받았어요. 받는 사람 이름에 '무지개 그림책방 편집부 앞'이라고 써 있어서 놀란 적도 많고요. '우리 책방에 편집부가 있었나?' 무지개 그림책방은 자그마한 서점이고, 저 혼자 작가하고 함께 그림책을 만들어 출판할 뿐이지 편집부 같은 거창한 조직은 없어요.

원고를 받아도 훑어볼 시간이 모자라서 답장도 제대로 못했죠. 미야사카 작가의 그림책을 낸 뒤에 그림책을 독자에게 전하는 일(판매)에 전념하느라 구체적인 출판 계획도 세우지 않았죠. 그렇지만 늘 사람을 만나 새로운 뭔가가 시작되는 곳이 무지개 그림책방이기도 해요. 다음 출판 계획은 뜻밖의 장소에서 찾아왔어요. 여동생이 다니던 요가 교실이에요.

 요가 강사하고 이야기를 나누던 동생이 언니가 그림책방을 하고 있다고 말하자 요가 강사는 돌아가신 아버지가 예전에 그림책을 만들었다고 했대요. 요가 강사 여동생이 원화와 판권을 관리하면서 자료관을 운영하고 있었어요.

 자세히 물어보니 요가 강사 아버지는 소녀 잡지에 실린 삽화나 소녀 만화를 그린 마쓰모토 가쓰지 작가였어요. 후키야 고지(소녀들의 우상으로 불린 삽화가이자 시인. 미야자키 하야오 그림체의 출발점으로 알려져 있다 — 옮긴이)에게 자극을 받아 작품 활동을 했고, 소녀 잡지에서는 나카하라 준이치(소녀 잡지의 삽화와 표지 등을 그린 인기 화가이자 패션 디자이너, 인형 작가 — 옮긴이)하고 인기를 양분할 정도로 쇼와 시대를 대표하는 삽화가이자 만화 작가였어요. 요즘으

둘째 딸 메이코

셋째 딸 미치에

로 말하면 멀티 플레이어라고 할 수 있죠.

나이로 보면 같은 시대에 활약했을지도 모른다고 생각해서 물어보니, 미야사카 작가도 직접 만난 적은 없지만 대선배이고 유명한 작가라 잘 알고 있다고 했어요. 가쓰지 작가가 그린 그림이 실린 잡지를 지금도 갖고 있다고 해서 구경도 했죠.

요가 강사 메이코는 가쓰지 작가의 둘째 딸이었어요. 흥미가 생긴 저는 작품을 보러 마침 기획전이 열리고 있던 갤러리에 여동생과 미야사카 작가를 데리고 함께 갔어요.

갤러리에서는 가쓰지 작가의 셋째 딸이고 자료관을 운영하는 미치에가 반겨줬어요. 몇 번이나 멋지다고 감탄할 만큼 서정적이면서도 예쁜 작품이 가득했어요. 전시된 원화는 대부분 예전에 그림책에 실린 그림이었어요.

"아버지가 그린 그림책을 다시 출간하고 싶었어요."

미치에는 줄곧 생각은 했지만 구체적으로는 아무 계획이 없다고 했어요. 저는 복간되면 책을 꼭 보고 싶고 그림책방에서도 소개하고 싶은 만큼 일정이 정해지면 알려달라고 말했어요. 그때는 순수하게 복간된 그림책을 보고 싶다는 마음뿐이었고, 제가 출판하려는 생각은 전혀 없었어요. 저 같은 초짜가 다가가기 힘든 거장이었으니까요.

"서로 힘냅시다."

도리츠다이가쿠에서 작은 그림책방을 하는데 운영이 어렵다고 얘기하자 미치에가 격려 삼아 한 말이 마음 깊이 남았어요.

그림책 복간을 향해

얼마 뒤 후타코타마가와에 자리한 마쓰모토 가쓰지 자료관에 들렀어요. 《이상한 나라의 앨리스》에 실린 원화가 전시돼 있었어요. 50년도 더 전에 《고단샤 그림책 골드판》에 넣으려고 그린 그림이라고 하는데, 정말이지 예뻤어요.

'와, 멋지다! 그림책이면 좋을 텐데.'

《이상한 나라의 앨리스》 그림이 참 예뻤어.

가쓰지 작가가 그린 앨리스 원화를 보고 이런 생각이 강하게 들었어요. 함께 그림책을 만들자는 말을 쉽게 꺼낼 수는 없었죠. 제가 책임질 수 있는 차원의 문제가 아니었어요. 주제넘은 일 같았어요.

아쉬움을 뒤로한 채 1년 정도 지난 어느 날, 어느 이벤트에서 미치에를 만났어요. '《이상한 나라의 앨리스》 그림 참 예뻤는데……'라는 마음이 다시 솟구쳤어요. 복간한 책에 실린 앨리스 그림을 보고 싶은 마음이 예전보다 더 간절해졌어요.

작품의 매력에 더해 메이코와 미치에 두 사람의 인품에도 이끌린 탓이겠죠. 이 사람들하고 언젠가 함께 일하면 좋겠다는 마음과 말도 안 되는 생각이라는 마음이 제 안에서 소용돌이치기 시작했어요. 그런 상황에서 우연히 복간닷컴의 사타노 와타루

복간을 향한 길이 보인다!

대표를 알게 됐어요. 복간닷컴은 옛날 만화나 그림책 등을 복간하는 출판사예요.

"모르는 게 있으면 언제든 물어보세요."

이 한마디에 염치없게도 만나자고 연락했죠.

"궁금한 게 있어요. 상담 좀 부탁드려요."

'복간' 작업이 진행되는 과정을 배웠어요. 저작권은 사후 50년이 지나면 소멸되고, 현재 저작권자가 몇 명 있는지 확인해야 하고, 인세는 어느 정도 되는지도 알아봐야 했죠.

저작권은 미치에가 관리하고 있으니 문제없죠. 원화가 없으면 예전에 나온 책을 스캔해야 하기 때문에 발행처에서 허가를 받아야 하는데, 원화가 있으니 문제없었어요. 이런 내용은 인터넷에서 알아보기는 했지만, 아무래도 잘 이해가 안 됐어요. 사타노를 만나 이야기를 듣고 나니 구체적인 복간 과정과 순서가 확실히 보이기 시작했죠. 실제로 복간 일을 해본 사람에게 직접 이야기를 듣고 물어볼 수 있어서, 그림책 복간 작업을 하는 데 큰 도움이 됐어요.

"자, 해봅시다."

이런 내용을 전해들은 미치에는 제안을 흔쾌히 받아줬어요. 놀랄 정도로 쉽게 결론이 났어요. 미치에의 딸이 외국에 살아서 영어를 잘한다는 말을 듣고, 두 가지 말로 만들 텍스트도 부탁할 수 있었어요. 부모, 자식, 손주까지 3세대가 만드는 그림책이 됐죠. 책 디자인은 미야사카 작가 그림책을 낼 때 도와준 가와구치 작가가 흔쾌히 맡아줬어요. 마쓰모토 가쓰지 작가의 복간 프로젝트가 신기할 정도로 척척 진행되기 시작했어요.

6
일곱 개 그림책 프로젝트

가쓰지 작가의 복간 그림책은 하라페코 그림책하고 마찬가지로 시리즈로 만들자고 처음부터 정했어요. 한 권이 아니라 다음으로 이어져야 독자들에게 팔기도 쉽고, 시리즈를 좋아하는 팬도 만들자 싶었거든요.

1탄은 《이상한 나라의 앨리스》였어요. 원화가 모두 남아 있었는데, 원화를 돌려받는 일에 별로 신경을 쓰지 않던 그때에는 매우 드문 일이라고 해요. 이어서 《한치동자》(손가락만 한 아이의 모험과 성공을 그린 일본 옛날이야기 — 옮긴이)와 《꿀벌 마야의 모험》이 나왔어요. 이 책들을 포함해 모두 일곱 권을 '일곱 개 그림책 프로젝트'로 진행하기로 했어요. '일곱 개'는 무지개의 일곱 색깔에서 따왔죠.

《한치동자》는 원화에 손 글씨로 영어 텍스트가 써 있었어요. 가쓰지 작가가 미국에 머물 때 출간하려고 그린 듯했어요. 가쓰지 작가네 장남 니모리키가 영어로 옮겼어요. 오래된 원화는 작품마다 다양한 이야기를 간직하고 있어서, 그 이야기를 듣기만 해도 그림이 점점 더 좋아졌어요.

처음부터 그림책 동네에 있었다면 아마도 《이상한 나라의 앨리스》나 《한치동자》를 출판할 생각은 하지 않았겠죠. 이제껏 대형 출판사에서 많이 내온 유명한 책들이니까요. 원작을 좋아하는 광팬도 아니니까요. 그렇지만 신기하게도 인연이 돌고 돌

무지개 그림책방 이름에서 딴 일곱 개 그림책

《이상한 나라의 앨리스》 크라우드 펀딩 구성원들

아 누구나 아는 유명한 이야기를 그림책으로 내게 되다니, 사람을 만나는 일은 소중하고도 위대하다고 느꼈어요.

   미치에와 메이코를 만나고, 가쓰지 작가 가족하고 함께 일하게 된 사실이 가슴 벅차도록 기뻤어요. 모든 사람에게 좋은 결과물로 보답하고 싶다는 마음을 담아 '일곱 개 그림책 프로젝트'를 시작했습니다.

마쓰모토 작가의 제자, 다무라 세쓰코도 많이 도와주었어요.

두 번째 크라우드 펀딩

'일곱 개 그림책 프로젝트'를 시작해《이상한 나라의 앨리스》를 출판할 무렵, 크라우드 펀딩을 이용하게 됐어요.

 미야사카 작가의 그림책을 내느라 크라우드 펀딩을 할 때, 제가 하고 싶은 일을 하려고 누군가에게 돈을 달라고 하기가 찜찜해서 다시는 안 하겠다고 생각했죠. 맙소사, 그런 제가 다시 크라우드 펀딩을 이용할 줄이야. 저 자신이 가장 놀랐어요. 다시 크라우드 펀딩을 이용하게 된 배경에도 사람이 있었죠.

 마쓰모토 작가의 손주인 유카리가 크라우드 펀딩 회사를 세운 사람을 알고 있었어요. 유카리는 그 회사하고 뭔가 함께할 수 있으면 좋겠다는 생각을 늘 했대요. 이번 그림책 프로젝트의 콘셉트가 그 회사의 플랫폼에 맞을 듯하니 서비스를 이용하면 어떻겠냐고 권했죠.

저도 한 번 해본 일이라서 크라우드 펀딩에 관계된 사람을 몇 명 알고 있었어요. 유키리에게 그 회사가 어디인지 물었더니 글쎄 제가 친하게 지내는 사람이 하는 회사였어요. 기막힌 우연에 깜짝 놀랐죠.

크라우드 펀딩을 할 때는 플랫폼이 중요하니까 잘 알아보라든가 꼭 여러 플랫폼을 비교하고 검토하라고 조언한 분이었어요. 그런 고마운 충고를 받았지만, '필연'을 느낀 우리는 앞뒤 재지 않고 그 회사의 플랫폼으로 두 번째 크라우드 펀딩을 시작했어요. 상대의 처지에서 조언해주는 사람이라 믿을 수 있었죠.

이렇게 만남이나 인연에 따라 계획이 바뀔 때가 많아요. 그렇게 갑자기 바뀌는 일도 필연이라고 여기고 척척 대응하려고 합니다. 해야 할 일, 대응해야 할 일이 늘어나서 따라잡지 못할 때도 있지만, 더 높은 곳을 향하고 싶어하는 제 곁의 사람들을 돕고 싶어요.

《이상한 나라의 앨리스》의 크라우드 펀딩에는 많은 사람이 모여서 예상을 뛰어넘은 금액이 모였어요. 1452만 원이 모여서 246권을 만들었어요. 훌륭한 고전을 다음 세대로 전하는 데 무엇을 할 수 있을지 앞으로도 고민해야겠다고 다짐했어요.

7
무지개 그림책방 그림책

그림책의 가치를 높이는 작품

무지개 그림책방은 2년 동안 출판을 쉬었지만, 2017년부터는 다시 그림책을 출판하기 시작했어요. 크라우드 펀딩으로 실제 작비는 마련했지만, 전체 비용을 다 준비하지는 못했어요. 현금 흐름이 괜찮은지 걱정이 됐죠. 그림책을 만들고 싶어하는 사람이 많으니까 자비 출판으로 '그림책 만들기 서비스'를 하면 어떠냐는 조언을 받은 적도 있어요.

    돈을 받아 책을 만들면 책을 내려는 사람이 바라는 대로 해야 할 테고, 그러면 일정한 수준을 유지할 자신이 없었어요. 게다가 그림책을 내고 싶어하는 사람은 대부분 그림책 작가를 꿈꾸죠. '직업이 곧 그림책 작가'가 꿈인 사람이 무지개 그림책방에서 그림책을 출간해서 데뷔한 뒤 작가로 먹고살 수 있다고 장담할 수 없었어요. 그러니 무턱대고 '그림책 작가의 꿈을 이뤄

드립니다'는 서비스를 하고 싶지 않았어요. 아니라는 느낌이 들었죠. 그렇게 하다가는 이런저런 신경만 쓰다가 제대로 의견도 못 내고 서로 만족하지 못할 그림책만 덩그러니 남지 싶었어요.

그림책방이 내는 그림책의 수준을 떨어트리고 싶지는 않았기 때문에, '당신의 그림책을 만들어드립니다' 하는 식으로 안이하게 다가가서 섣부른 꿈을 꾸게 하면 안 된다고 결론을 내렸어요. 지금은 서로 잘 이해하는 작가나 기업에서 의뢰받은 그림책을 중심으로 출판하고 있어요. 그 밖의 그림책을 제작할 때는 제 생각을 처음부터 솔직히 말합니다. 이 점은 제가 굽힐 수 없는 부분이에요.

지금껏 제가 만들어 온 그림책에 느끼는 책임감과 그 시간을 함께한 사람들을 존경하는 마음 덕에, '그림책의 가치를 높이는 작품'을 만들자는 생각이 점점 더 강해집니다. 앞으로 만들 그림책은 이미 출간한 작품들에 부끄럽지 않은 책으로 완성

하고 싶어요. '그림책의 가치를 높이는 작품'이라는 목표가 흔들린다면, 무지개 그림책방에서 그림책을 만드는 의미가 없다고 생각해요. 반대로 이 부분만 확실히 한다면, 앞으로 뭔가 갈피를 못 잡더라도 결국에는 좋은 그림책을 완성할 수 있겠죠.

오리지널 그림책과 패밀리 그림책

무지개 그림책방에서 취급하는 그림책에는 '그림책방(서점)'의 관점에서 본 그림책과 '출판사'의 관점에서 본 그림책이 있어요. 그림책을 '들여오는' 관점에서 볼 때는 크게 오리지널 그림책, 작가 개인한테 받아서 들여오는 그림책, 출판사에서 직접 들여오는 직거래 그림책, 아동문화보급협회에서 들여오는 그림책, 개별적으로 대량 구매해 단발성으로 들여온 그림책으로 나눌 수 있어요.

오리지널 그림책과 패밀리 그림책

'출판사'의 관점에서 볼 때는 무지개 그림책방에서 출간한 오리지널 그림책과 무지개 그림책방의 패밀리 그림책 등 두 종류예요. 여기에서 '패밀리'라는 말은 그냥 붙인 건데, 지금까지 시너지를 주고받으면서 무지개 그림책방을 함께 키워온 그림책이에요. 무지개 그림책방에 연결되는 방식도 작가나 그림책에 따라 달라요.

'패밀리'라는 단어 때문에 무지개 그림책방이 사람을 묶어둔다는 오해를 불러일으켜서 작가들에게 폐를 끼치는 건 아닌지 걱정도 됩니다. 가끔 패밀리 그림책에 자기 그림책을 넣어달라는 부탁을 받을 때도 있어요. 처음부터 패밀리에 넣는다는 개념이 없으니 거절하기도 뭐하고, 그렇다고 패밀리에 들어오라고 초대하는 개념도 아니에요.

독자들에게 다가갈 수 있게

쉽게 말하면 무에서 시작해 작가와 무지개 그림책방이 함께 완성하고 무지개 그림책방이 출판한 책이 오리지널 그림책입니다. 패밀리 그림책은 만드는 사람이 직접 기획하고 무지개 그림책방은 편집 단계부터 도운 그림책이나, 작가 개인이 만들고 무지개 그림책방이 발행해 판매하는 그림책을 말해요. 기업 판촉물 같은 비매품은 그림책방이 영업 대행을 할 수 없어서 만드는 단계까지 돕고 있어요.

무지개 그림책방이 제작에 참여해서 완성한 그림책은 만드는 일뿐 아니라 판매하는 일도 모두 함께하는 분위기가 돼요. 그래서 오리지널 그림책처럼 독자에게 가닿을 때까지 함께하는 사례가 많아요. 그림책을 함께 만들고 싶어하는 사람들이 대부분 그런 상황을 바라죠. 이런 이유 때문에 요즘 출판 과정을 지원하는 출판사나 자비 출판을 전문으로 하는 업체가 많이 생기는 듯해요. 그런데도 무지개 그림책방하고 꼭 함께하기를 바라

함께하면 즐거운 일이 생길 것 같아 ♪

는 사람들이 모여서 다 함께 '만들고' 또 '전하는' 모습을 날마다 실감하고 있답니다.

제작 과정에 직접 관여하든 안 하든 무지개 그림책방이 관여한 책은 아이에스비엔 코드를 붙여서 무지개 그림책방이 낸 그림책으로 함께 유통하고 있어요. 똑같은 무지개 그림책방 오리지널 그림책도 작업 방식이나 제작 과정은 제각각이에요. 작가를 처음 만나는 방식도 다르고, 애초에 원화가 있는지 없는지도 다 달라요.

하라페코 메가네 그림책은 이야기부터 캐릭터, 그림 구성까지 하라페코 메가네 두 사람하고 함께 생각해서 완성했어요. 미야사카 작가의 그림책은 미야사카 작가가 오래도록 품어온 구성을 기본으로 만들었죠. '무지개 그림책방에서 만든다면'이라는 생각을 더해서 독자에게 그림책을 전하는 데 강조점을 두며 도왔어요. 마쓰모토 가쓰지 작가의 그림책은 오래된 원화가 있는 데다 유명한 동화라서 미치에를 비롯한 가족들하고 가장 좋은 복간 방법을 거듭 협의해서 만들었죠.

다른 출판사가 그림책을 어떤 식으로 만드는지 전혀 모르는 채 시작한 만큼 무지개 그림책방이 작업하는 방식이 옳은지 그른지는 잘 몰라요. 그렇지만 그림책을 짓는 사람을 우연히 만나 '이 사람하고 함께하면 뭔가 재미있는 일이 생길 거야'라고 직감하고 시작한다는 점은 오리지널 그림책도 패밀리 그림책도 마찬가지예요. 그 덕에 힘든 작업을 힘들게 여기지 않고 모두 함께 해나갈 수 있었어요.

무지개 이야기 ②
앨리스의 흰 토끼 같은
· · · · ·
우쓰하라 미치에 마쓰모토 가쓰지 자료관 관장

무지개 그림책방에서 일하는 이시이 아야 대표를 만난 지는 3년쯤 됐어요. 어느 날 아야 대표가 후타코타마가와에 자리한 마쓰모토 가쓰지 자료관을 찾아왔어요.

동그란 검정 뿔테안경을 쓴 귀여운 여자아이. 마치 그림책에서 막 튀어나온 듯한 여자아이 같았어요(여성이라기보다는 여자아이 같은 느낌이었죠). 눈을 반짝이며 입을 뾰족하게 내밀고는 말했어요.

"마쓰모토 가쓰지 작가가 그린 그림책을 무지개 그림책방에서 팔고 싶어요."

2017년 6월쯤, 아야 대표가 갑자기 자료관을 찾아와서 진지한 얼굴로 물었어요.

"《이상한 나라의 앨리스》를 출판하고 싶어요. 괜찮을까요?"

돌직구로 날아오는 부탁에 놀라 저도 모르게 아무런 망설임 없이 답했어요.

물건 크기에 관한 감각이 기묘해진다.
아야 대표가 갖고 다니는 물건들은 거대해요.

"물론이죠. 좋아요."

자세히 물어보니 무지개 일곱 색에 맞춰 일곱 권을 만들고 싶다고 하더군요. 이 커다란 꿈을 이루는 걸 돕고 싶었어요. 어느새 아야 대표의 꿈이 제 꿈처럼 느껴졌어요. 하늘에 계신 아버지도 '솔직'하고 '열정'적이며 '귀여운' 아야 대표를 후원해주는 듯했어요.

그렇게 해서 '일곱 개 그림책 프로젝트seven books of rainbow'가 탄생했어요. 《이상한 나라의 앨리스》부터 시작했죠. 그때부터 일이 참 많았어요. 그림책을 완성할 때까지 저도 여러 작업과

《이상한 나라의 앨리스》에 나오는 토끼 같은 아야 대표

공정을 도왔어요.

대만 출장이며, 크라우드 펀딩 작업이며, 이것저것 즐기면서 거들었어요. 나이들었다고 그냥 있을 수는 없었죠. 회의 때마다 어깨에 커다란 짐을 두세 개씩 짊어진 채 나타나서 언제나 바쁘다며 서두르는 아야 대표.

《이상한 나라의 앨리스》에 나오는 흰 토끼 같은 아야 대표에게 뜨거운 응원을 보냅니다.

그림책 이야기 ②
그림책 만들기 좋은 때

미야사카 에이이치 작가는 1926년에 태어났습니다. 젊을 때는 줄곧 소녀 잡지에 삽화를 그렸지만, 오리지널 그림책을 처음 출판한 때는 여든여덟 살이었어요. 미야사카 작가를 만나 이야기하면서 아무리 나이가 많아도 꿈은 이룰 수 있다고 깨달았죠. 그렇지만 젊을 때부터 그렇게 생각하는 사람은 위험해 보여요. 나이 먹어서도 할 수 있다고 여기다가 자칫 꿈을 뒷전으로 미룰 수 있으니까요.

 미야사카 작가가 꿈을 이룬 때가 우연히 여든여덟 살인 '바로 지금'일 뿐, 사람들 저마다의 '바로 지금'이 여든여덟 살이라고 정의할 수는 없겠죠. 여든여덟 살 미야사카 작가하고 그림책을 만들어보니 '바로 지금'이라는 시점에 꿈을 이뤄야 가장 좋다는 점을 실감했어요. 모든 사람이 미야사카 작가처럼 여든여덟 살까지 정정하기는 어려우니까요. 누구나 건강한 노인이 될 수 있다는 보장은 어디에도 없어요.

 '나중에 찬찬히 보고 시작하자'든가 '알아보고 나서 하자'가 아니라, '지금 일단 해보자'는 식으로 출발 신호보다 먼저 나가는 느낌으로 해야 좋다고 생각해요. 점점 먼저 출발하고 앞질러 해서 얼마나 내 시간을 만드는지, 어느 정도 틈새 시간을 만드는지가 중요해요. 그러고 나면 나중이 편해지죠. 그래서 후배들에게도 미리 앞당겨서 하자고 자주 말해요. 미리 출발해서 생긴 여유 시간에 즐거운 일이 생길 수 있기 때문이에요. 이득을 본 기분도 든답니다. 지금의 제게 들려주고 싶은 말이기도 한데, 여백이나 짬이 없으면 새로운 일이 들어오지 않아요.

 이야기가 조금 옆으로 샜는데, '바로 지금'은 정말 사람마다 달라요. 그림책을 만들고 싶다는 작가 지망생들이 무지개 그림책방에도 많이 찾아와요. 분명히 그 사람의 '언젠가'는 '언젠가' 찾아오겠지만, 만약 정말 그림책을 만들고 싶다면 그 시기는 '바로 지금'일 거예요. 자금 사정 때문에 '바로 지금'이 무리인 사람들도 많겠죠. 저도 그중 한 사람이에요(제작비만 있다면 출판하고 싶은 그림책이 열두 권 있어요).

'언젠가'는 어쩌면 오지 않을지 몰라요. 여든여덟 살에 행동으로 옮긴 미야사카 작가를 보면서, '바로 지금' 길을 열어가는 일의 중요성을 저는 가까이에서 절실히 느낄 수 있었어요.

3장

·

그림책을
건네는
방법

1
건네고 싶은 그림책들

무지개 그림책방에 진열되는 그림책들

무지개 그림책방에서 판매하는 그림책은 '만드는 사람하고 인연이 있어서', '아는 출판사가 출간해서', '여행하면서 들른 미술관 기념품 매장에서 발견해서'처럼 여러 기준으로 선택해요. 무엇보다 무지개 그림책방에 잘 어울릴 만한 그림책을 고르려 하죠.

한 권 한 권에 만든 사람의 표정이 보이거나, 그림책방에 오기까지 이런저런 만남을 거친 책을 위주로 판매해요. 단지 잘 팔린다는 이유만으로 들여오는 일은 거의 없죠. 특히 사람을 거쳐 만난 그림책에는 애정이 많아요.

얼마 전이에요. 어느 이벤트에서 우리를 찾아온 작가가 그림책을 독립 출판하고 있다며 보여줬는데, 무척 예뻤어요. 바로 세 권을 들여놨더니 금세 팔려서 더 들여오고……. 결국에는 그림책방의 인기 그림책이 됐어요. 무지개 그림책방에는 이런 만

무지개 그림책방과 친한 사람은 안경 쓴 사람이 많다.

남이나 인연이 정말 많아요. 작가들하고 인사도 하고 그림책 이야기를 듣느라 책방 앞에 선 채로 대화를 나눌 때도 많죠.

사람을 통해 만난 그림책에는 소개한 사람의 모습과 그림책 자체가 풍기는 분위기, 종이의 종류와 형태 등 온갖 요소가 담겨 있어요. 그래서 자꾸만 더 좋아지고 가까이 두고 싶어지는지도 모르겠어요.

그림책을 독자 곁으로

무지개 그림책방의 오리지널 그림책을 읽는 이에게 '전하는' 방법에는 여러 가지가 있어요. 먼저 무지개 그림책방에서 팔아요,

가장 기본인 방법이죠. 온라인 쇼핑몰과 이벤트, 기간 한정 판매 등 책방 바깥에서 판매하는 방법도 있어요. 서점이나 소매점에 도매를 하기도 해요.

이런 '판매'말고 그림책을 건네는 방법은 '공연'이에요. 많은 사람이 그림책을 읽고 즐거움을 체험하면 좋겠다는 생각에 계속해왔어요. 그림책을 낭독하거나, 워크숍을 하거나, 그림책과 음악으로 라이브를 하거나, 그림책과 음식으로 음식 이벤트를 하기도 해요. 그림책을 전하는 엔터테인먼트라고 할 수 있죠.

'그림책과 탭 댄스', '그림책과 그림 연극'(이야기를 그림 여러 장으로 구성해 한 장씩 설명하면서 진행하는 연극 — 옮긴이)도 있었어요.

어느 공연이든 그림책을 만든 사람들하고 함께했어요. '이 사람하고 같이한다면'이라는 생각으로 진행할 수 있었죠. 공연

을 통해 만드는 사람도, 파는 사람도, 읽는 사람도 모두 행복해지는 선순환이 이어지면 좋겠어요.

2
마케팅 팀장 탄생

그림책을 내면서 여러 서점을 상대로 도매 거래를 하려면 도서 총판하고 계약하는 편이 더 낫겠다고 생각했어요. 도서관에 무지개 그림책방 그림책을 납품할 때도 도서 총판하고 계약하면 좋다는 말도 들었고요.

출판계 선배를 만나 물으니 우리처럼 작은 출판사도 거래할 수 있는 도서 총판을 알려줬어요. 무지개 그림책방이 만든 그림책이 도서 총판을 거쳐 전국 곳곳에 있는 독자들에게 전해지면 정말 좋겠지만, 좀처럼 결심하지 못했어요.

도서 총판을 거치지 않으려면 제가 직접 서점 영업을 하고 주문을 받아야 하는데, 다른 일도 있어서 그럴 여력이 없었죠. 모처럼 만든 그림책이 모자란 영업력 탓에 더 많은 독자에게 가닿지 못해서 무척 아쉽고 초조해졌어요.

어느 날, 하라페코 메가네 원화전에서 우연히 한 친구를 알게 됐어요. 대학생 이시가미예요. 이시가미는 하라페코 메가네

마케팅 팀장 이시가미

여행과 마케팅은 한 세트!

를 좋아하는 팬인 듯했고, 점점 책방 사람들하고 친해져 그림책방에서 아르바이트를 하게 됐죠. 아르바이트를 시작하고 얼마 지난 무렵, 무지개 그림책방에 무엇이 부족한지 이시가미에게 물어봤어요.

"음, 마케팅 아닐까요? 제가 해볼까요?"

그 자리에서 마케팅 담당자를 자처한 이시가미는 놀라울 정도의 행동력으로 활동을 시작했어요.

이렇게 무지개 그림책방에 이시가미라는 강력한 조력자가 나타났어요. 그 뒤로 이시가미는 가게를 보면서 마케팅도 담당했어요. 예쁜 잡화점이나 작은 책방을 중심으로 무지개 그림책방 그림책을 놔두면 좋을 만한 곳을 들러 협상하는, 꽤나 품이

뉴욕에 여행 갈 때도 서점에 홍보할 무지개 그림책방의 그림책을 갖고 갔어요.
왠지 노동 착취 같네요. 하하.

노동 착취가 아니라, 무지개예요!

드는 일이었죠.

 이시가미는 발걸음이 가볍고 여행을 좋아해요. 곳곳을 다니죠. 그럴 때면 항상 무지개 그림책방의 그림책도 가져가라고 했어요. 그래서 나온 캐치프레이즈가 '여행과 마케팅은 한 묶음이에요'.

 저도 개인적인 볼일로 외출할 때도 그림책을 가방에 몇 권

넣어 가서 주변 서점에 책을 인사하고 그림책을 홍보하기도 합니다. 밑져야 본전인 마케팅이니까 서점에서 놓아주기만 해도 감지덕지죠. 일손이 절대적으로 부족한 탓에 아이디어와 기동력으로 판매처를 하나씩 확보했어요.

3
믿음직한 바깥 친구

무지개 그림책방에는 그때그때 도움을 주는 친구들이 나타납니다. 원래 알던 친구나 다른 사람 덕에 만난 이들이 도와주죠. 일이 있을 때마다 힘을 써주는 동료가 여럿이에요.

그중 한 명은 무지개 그림책방을 열기 전부터 잘 알던 친구예요. 인터넷을 잘 다뤄서 그림책방의 첫 홈페이지도 만들었죠. 그 친구는 교토로 이사한 뒤에도 그곳 서점에 영업을 해주거나, 간사이 지방(오사카와 교토를 중심으로 한 지역 — 옮긴이)에서 이벤트가 있으면 도와줍니다. 제가 이벤트에 갈 수 없을 때 무지개 그림책방 부스를 대신 맡아서 그림책을 소개한 적도 있어요. 일이 바쁠 때는 그림책방을 전혀 신경쓰지 못하지만, 그렇지 않을 때는 본인의 생활 패턴에 맞춰 집중적으로 도와줍니다.

다른 한 명은 옮길 직장을 알아보다가 전 직장에서 쌓은 마케팅 실력을 살려 여러 가게에 무지개 그림책방을 소개했어요. 그 친구 덕에 무지개 그림책방이 북 마켓에 참가하게 됐죠.

무지개 그림책방에는 기댈 수 있는 친구들이 가득해요.

    이 친구들을 비롯해 책방 직원이 아닌 사람들(그림책 작가들마저)도 여행지에서 들른 서점에 무지개 그림책방 이야기를 하거나 팸플릿을 놓고 오기도 해요. 무지개 그림책방은 이렇게 마음 든든한 친구들이 많아요.

    무지개 그림책방하고 함께한 경험이 이 친구들의 삶에 도움이 되게 하고 싶어요. 마케팅을 나서줄 때마다 충분한 대가를 지불하지 못하기 때문에 더더욱 그렇게 생각해요. 이해득실을 따질 친구들은 아니지만, 저는 보답하고 싶다고 늘 고민해요. 친구들이 언젠가 "그때 무지개 그림책방과 함께했지"라고 자랑스럽게 말할 수 있게 더 열심히 하자고 마음을 다잡게 됩니다.

# 4
이런 이벤트 저런 굿즈

무지개 그림책방이 출판사의 모습을 지니게 되면서 가장 크게 바뀐 점은 여러 출판사가 모이는 북 마켓 같은 이벤트에도 나가게 된 점이에요. 때로는 유명 출판사하고 어깨를 나란히 하면서 오리지널 그림책을 홍보할 수 있었죠. 무지개 그림책방을 알릴 수 있는 절호의 기회니까 되도록 이벤트에 참가하려 해요.

요령이 없어서 처음에는 실수도 많이 했어요. 포스터나 안내판 등 눈길을 끌 물건을 안 가져가거나, 모처럼 참가하는데 부스를 멋지게 꾸미지 못하거나, 거스름돈을 충분히 준비하지 않기도 했죠.

책방을 홍보하는 일은 뜻밖에 어려웠어요. 지금도 출판계 선배들의 충고를 듣고 시행착오를 겪으면서, 찾아오는 사람들이 모두 즐길 수 있는 부스를 만들려고 노력 중이에요.

그림책방 굿즈

이벤트에 참가할 기회가 늘어나면서 손님들이 부담 없이 가져갈 만한 오리지널 굿즈가 있으면 좋겠다는 말을 많이 들었어요. 무지개 그림책방의 무대를 보거나 이벤트에 참가한 뒤 가져갈 기념품을 말하는 것이겠죠. 솔직히 그림책을 사주면 좋겠지만, 페스티발 같은 곳에서 그림책을 갖고 다니기는 힘들죠. 그림책은 얇긴 해도 무거워서 선뜻 사기가 어려울 수도 있어요. 게다가 바깥 행사에서 비까지 내리면 최악의 상황이 되죠.

가게를 소개하는 명함을 만들면 좋다고 하더군요. 그렇지만 정리정돈에 서툰 저는 여기저기서 명함을 받아도 뒤죽박죽이 돼 어디에 뭐가 있는지 잘 모르게 되더군요. 가게 명함을 디자인한 그림책 작가 가게야마 슌 작가가 제안한 대로, 가져간 뒤에도 버리지 않게 종이에 가름끈을 달기로 했어요. 이렇게 하면 좋아하는 책에 끼워두고 늘 무지개 그림책방을 떠올릴 수 있지 않을까 싶었어요. 스티커도 준비했어요. 지름 5센티미터 정도되는 동그라미 스티커라면 휴대폰이나 노트북, 냉장고에도 부담 없이 붙일 수 있어서 좋겠다고 생각했죠.

판매용 오리지널 굿즈도 있으면 좋겠다는 생각에 무지개 그림책방 에코백도 만들었어요. 책방에서 산 그림책을 넣을 수도

고마워요.

있고 장바구니로도 쓸 수 있을 듯해요.

    마스킹 테이프 등 무지개 그림책방의 오리지널 굿즈도 만들고 싶어요. 사람들이 좋아할 만한 굿즈를 만들어서 책방을 찾는 즐거움을 조금씩 늘려가려 합니다.

5
온라인 쇼핑몰을 열었어요

 이야기가 조금 거슬러 올라가네요. 처음 만든 오리지널 그림책은 2012년 7월에 무사히 출간됐지만, 도서 총판하고 계약하지 않아서 책방이나 이벤트 현장에서 직접 팔았어요. 판매 경로가 한정되는 바람에 모처럼 만든 그림책을 많은 사람에게 알릴 기회가 없었죠.
 홈페이지에 온라인 쇼핑몰을 열었어요. 온라인 쇼핑몰이 있으면 이벤트에서 무지개 그림책방이나 하라페코 메가네,《프루트 펀치》를 알게 된 독자에게 그림책을 건넬 수 있으리라고 잔뜩 기대했죠. 전략적으로 홍보를 하지 못한 탓일 테지만, 온라인 쇼핑몰이 생겼다고 해서 주문이 많이 들어오지는 않았어요.
 처음으로 온라인 쇼핑몰이 대단하다고 느낀 때가 있었어요. 사이트를 열고서 몇 달 뒤예요. 무지개 그림책방이 낸 오리지널 그림책이 방송에 나왔어요. 한 탤런트가《프루트 펀치》를 소개한 순간, 온라인 쇼핑몰에 주문이 쏟아져 들어오기 시작했어요.

몇 건이나 연속으로 주문 알림 메일이 오는 모습을 보고 놀라면서도, 온라인 쇼핑몰이 있어서 정말 다행이라고 느꼈어요.

6
때로는 아날로그

2016년 봄 일이에요. 이시가미가 대학을 졸업하고 아르바이트를 그만두자 무지개 그림책방의 마케팅 역량은 순식간에 떨어졌어요. 도쿄 주요 서점은 힘이 닿는 한 제가 직접 가서 주문을 받아오기는 했는데 사후로 관리가 안 돼서 추가 주문을 받지는 못했죠. 영업 대행 회사가 있다고 들었지만, 도서 총판에 계좌가 없는 우리 책방에는 맞지 않았어요.

　인력도 한계가 있는 만큼 온라인 쇼핑몰을 강화하기로 했어요. 도서 총판에 계좌를 갖고 있으면 자동으로 대형 인터넷 쇼핑몰에도 들어가 전국에 유통되지만, 2017년의 무지개 그림책방은 그럴 수가 없었어요. 무지개 그림책방 홈페이지에서 받는 주문이 유일한 온라인 판매 통로였죠.

　무지개 그림책방 홈페이지를 직접 방문하게 하려면 무엇을 해야 좋을까 생각했어요. 먼저 무지개 그림책방을 알려야 했죠. 알리지 않으면 방문자 수를 늘릴 수 없죠. 이벤트에 참가하거나 소셜 네트워크를 활발히 하는 등 홍보 활동을 착실히 하자고 다짐했죠. 그런데 정말 그걸로 될까? 그런 의문을 품던 무렵, 출판계 선배가 팩스로 주문서를 발송하는 법을 알려줬어요. 어느 날 이벤트 현장에서 곧 발간할 그림책 포스터를 붙이고 있었는

데 그 선배가 물었어요.

"이 책 주문서 있어?"

팩스로 주문서를 보내면 효과적으로 신간을 안내할 수 있다면서 한번 해보라고 했어요. 출판사에서는 새책이 나올 때마다 에이포 사이즈 주문서를 만들어 주요 서점에 팩스로 보낸다고 해요. 그 책에 관심 있는 서점이 주문 수량이나 필요 정보를 써서 보내면, 도서 총판을 거쳐 주문한 책을 보내는 시스템이에요. 주문서는 이벤트에서 홍보물로 활용하기도 하는데, 사고 싶은 책은 주문서에 적힌 정보를 바탕으로 서점에 주문하는 독자도 있어요.

'인터넷 시대에 팩스 주문서라니' 하고 생각하면서도 시험 삼아 《이상한 나라의 앨리스》부터 주문서를 만들어봤어요. 주변 출판계 선배들에게 보여주고 점검을 받으면서 몇 차례나 수정을 거듭한 결과 얼추 형태를 갖췄어요.

참고로 팩스 대행 서비스 비용은 발신 한 건당 200원이에요. 직접 보낸 팩스는 효과가 크지 않다고 미리 듣기는 했지만, 3000통 넘게 팩스를 보낸 만큼 10퍼센트 정도인 300건은 기대했어요. 들어온 주문은 겨우 두 건이었죠.

7
함께 만들고 함께 전한다

무지개 그림책방이라는 이름은 '만드는 사람과 읽는 사람을 연결하는 무지개 다리가 되고 싶다'는 생각으로 붙였어요. 그림책을 만들기만 하거나 팔기만 하는 데 그치지 않고, 그림책을 통해 모두 즐거운 경험을 가득 늘려가면 하는 게 제 바람이에요. 그래서 '만들기', '팔기', '공연하기'라는 세 가지 기둥을 소중히 여기고 있어요.

독서라는 행위는 매우 개인적이죠. 동화를 읽어줄 때도 집에서는 아빠 또는 엄마와 아이라는 두 사람의 세계, 조금 더 넓혀도 가족이라는 아주 제한되고 친근한 사람과 함께하는 세계에 머물러요. 그렇지만 저는 같은 시간과 공간에 있는 많은 사람들과 그림책의 세계를 연결해서 다 함께 공감하고 체험을 공유하는 공연을 하고 싶어요. 그림책의 세계를 입체적으로 넓혀나가면 가능하리라고 봐요.

체험 도구를 그림책으로 바꾸기만 해도 참가하는 사람들 사

이에 마음의 장벽이 꽤나 낮아져요. 부모와 자녀 사이든 친구 사이든 나이와 성별에 관계없이 함께 즐길 수 있어요. 국적도 관계없어요. 이런 점이 무척 근사해서 그림책이 주는 즐거움과 매력을 널리 알리고 싶어요.

처음부터 이렇게 생각하지는 않았어요. 사람들을 만나고, 함께 뭔가 즐거운 일을 할 수 있을까 찾다보니 여기까지 왔어요. 그림책 낭독을 하고 싶다는 직원들의 의견이나 주위의 요구 사항을 듣는 데서 시작됐죠.

누군가를 만나 뭔가 함께할 때마다 무지개 그림책방이 무엇을 할 수 있을지, 우리가 어떤 제안을 하면 사람들이 기뻐할지를 생각해요. 그때마다 시간과 공간, 또 다른 뭔가를 완성하면서 무지개 그림책방의 그림책과 무대, 이벤트도 진화했어요. 늘 좋은 이미지를 마음속에 간직하면서 '이 사람과 함께하고 싶다'라는 생각을 키우는 일이 무척 소중합니다.

무지개 이야기 ③
오직 나아갈 뿐
●●●●●
가와구치 다카히로 가쿠도샤 출판사 대표

아야 대표는 불가능한 것을 가능한 것으로 만드는 유형의 사람인 듯하다. '이거야' 하는 판단을 내리면 저돌적으로 달려든다. 머뭇거리지 않고 돌진한다. 이런 '돌진'은 현대 사회를 살아갈 때 매우 중요한 요소이면서 성공하는 사람의 조건이기도 하다.

아야 대표는 과거를 되돌아본 적이 없을 듯하다. '그때는 좋았지'라고 할 일도 없을 듯하다. 먼 미래를 고려하는 일도 없겠다. 언제나 '지금을 있는 힘껏' 살아간다. 그러니 망설임 따위는 없어 보인다.

도쿄아동만화회 소속 동화 작가이자 만화가인 미야사카 헤이이치 선생의 그림책을 제작한다는 소식을 듣고, 내가 먼저 아야 대표에게 연락을 했다. 디자이너인 나는 무슨 말을 해야 좋을지 몰랐는데, 처음 만난 날에는 디자인 이야기는 하지 않은 듯하다. 아마도.

아야 대표는 맹렬히 돌진하는 까닭에 가끔은 기술이나 지식

저돌적이라는 말은 아야 대표를 위한 단어.

이 없을 때도 있다. 아니 그런 문제는 상관없다. 할 수 없는 일은 그 일을 할 수 있는 사람에게 부탁하면 된다. 혼자서 끝까지 해내는 게 아니라 다 함께 해내는 식이다. 장인 기질을 지닌 나 같은 사람에게는 그런 점이 중요하다. 아마도 아야 대표는 의지할 듯하다. 의지해오면 그 기대에 맞추고 싶어지는 마음이 장인의 기질이다. 무지개 그림책방에서 출판하는 그림책들은 매우 근사한 책으로 완성될 듯하다. 아마도.

이 세상은 대부분 거짓이다. 70~80퍼센트는 거짓이라고 해도 좋다. 어쨌든 이 세상은 살아가기 힘들다. 그렇기는 해도 20~30퍼센트는 참이며, 진짜를 전하고 싶어하는 사람도 있다. 어쩌면 아야 대표는 그중 한 사람이다. 그리고 놀랍게도 아야 대표 주변에는 그런 사람만 있을 듯하다. 아마도.

뭔가 잘 안 풀리는 일이 있는 사람은 아야 대표를 본보기로 삼으면 좋겠다. 성공할지 못할지를 생각하는 일은 쓸데없다. 망

항상 전진! 뒤는 돌아보지 않아!

설이지 말고 오직 나아갈 뿐. 아야 대표는 '지금을 (있는 힘껏) 살아갈 사람'이다. 오늘도 돌진하고 있을 사람이다. 아마도.

1
무지개 갤러리
- 그림책 원화 전시회

그림책 작가의 작품을 발표할 공간이 있으면 좋겠다는 생각에 책방을 처음 열 때 갤러리를 만들었어요. 첫 전시는 목판 화가 고야마 도모코의 원화전이었어요. 2011년 3월 7일부터 4월 9일까지 열었죠. 고야마 작가 부모님이 그림책방 옆 약국에 왔다가 우연히 책방에 들렀고 책방에 딸 고야마 도모코를 소개했어요.

전시 작품은 아카네쇼보가 낸 《부싯돌산》(할머니를 잔혹하게 살해한 너구리에게 할아버지를 대신해 토끼가 복수하는 줄거리의 일본 전래 동화 — 옮긴이)의 원화였어요. 그때는 무지개 그림책방에 《부싯돌산》을 들여올 수 없었어요. 그렇지만 아카네쇼보 출판사에서 전시 기간 동안만 위탁 판매를 할 수 있게 허락해줘서 무사히 책을 진열할 수 있었어요.

그림책 작가 작품전은 무지개 그림책방을 모르던 사람들도 책방에 찾아오는 계기가 됐는데, 특히 출판사 편집자들이 많이

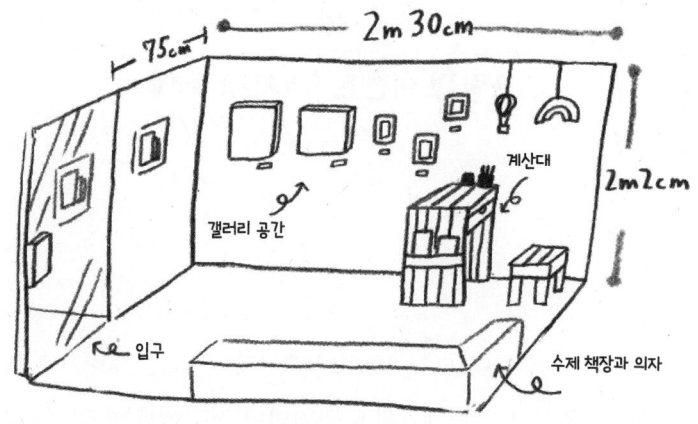

1호 원화전의 주인공은 목판 화가이기도 한 그림책 작가 고야마 도모코

와서 홍보가 많이 됐어요. 그때부터 편집자들하고도 조금씩 교류도 시작됐어요.

2
그림책 이벤트 '무지개 축제'

2012년 여름 《프루트 펀치》가 나올 즈음에 도리츠다이가쿠 역 주변에 있는 친한 가게들의 도움을 받아 출간 기념 이벤트를 겸한 축제를 기획했어요. 이름하여 '무지개 축제'. 우리가 독립 출판 방식으로 만든 그림책인 만큼, 동네 예술가인 하라페코 메가네와 《프루트 펀치》를 이웃들도 알아주면 좋겠다고 생각했죠.

축제는 2주 동안 이어졌어요. 도리츠다이가쿠에 있는 갤러리에서 그림책 원화를 전시하고, 축제가 내건 뜻에 호응한 가게들도 '좋아하는 그림책'을 소개하는 코너를 마련했어요. 주말에는 벼룩시장도 열었어요. 그림책 낭독과 그림책 라이브, 사진작가가 함께하는 좁쌀책 만들기 워크숍, 타로 같은 이벤트가 사람들을 불러모았죠.

책방을 찾아온 사람들이 다른 가게에도 들르도록 도리츠다이가쿠 역 주변 가게들을 그린 지도와 도장을 만들어서 스탬프 랠리도 했어요. 동네 이웃 가게들을 그림책으로 이으면 근사하

겠다고 막연히 생각만 하다가 실행에 옮겼죠. 이 이벤트는 수익으로 이어지지는 않았어요. 준비 인력을 포함해 많은 노력이 필요해서 계속 유지하기는 어려웠죠.

잘 몰라야만 행동에 옮길 수 있다는 말이 있잖아요. 경험을 쌓아서 배워갈수록 오히려 속도나 기세가 약해지는 점은 좀 안타까워요. 그래도 축제를 한 2주 동안 거리를 찾은 사람들은 즐겁게 이벤트에 참가했어요. 축제가 끝난 뒤에도 여러 사람들이 무지개 그림책방을 다시 찾기도 했답니다.

3
그림책 라이브

책방이 하는 그림책 라이브는 그냥 낭독이 아니라 음악과 그림책을 섞은 퍼포먼스예요. 어릴 적에 즐겨 듣던 음악이 갑자기 떠오를 때가 있지 않나요. 그리운 음악을 들으면 잊고 있던 어릴 적 정경이 떠오르죠. 음악은 기억을 소환하는 계기가 될 수 있어요. 그래서 그림책을 읽는 이의 기억에 '소리'로 남기고 싶다는 생각을 했고, 뮤지션 팀을 꾸려 곳곳에서 열리는 페스티벌이나 벼룩시장 같은 이벤트에 참가하고 있어요.

무대에는 되도록 슬라이드를 써서 그림책의 한 장면을 비춰요. 그림책 라이브는 그림책을 읽어주는 사람의 컨디션이나 현장 분위기, 뮤지션과 낭독자 사이의 조화에 따라 생각보다 훨씬 멋진 엔터테인먼트가 될 가능성이 있어요.

그림책이라고 하면 '어린이 전용'으로 여기는 사람이 여전히 많을지 모르지만, 그림책 라이브는 어른도 즐길 수 있어요. 비틀스 음악을 트는 등 다양하게 변주해서 아이들만을 위한 이벤

트가 되지 않게 해요. 이벤트나 관객층에 맞춰 메시지가 담긴 그림책을 고르기 때문에, 아이들만 즐기는 게 아니라 보호자에게도 울림이 있어요. 그림책 라이브에서 눈물을 흘리는 사람을 여러 명 봤거든요. 몸과 마음이 지친 사람들이 위로받는 모습을 보면 그림책 라이브를 계속하고 싶어져요. 아직 가지 않은 곳에 가서 미처 만나지 못한 사람을 만나고 싶어져요. 그림책 라이브에서 소개한 그림책을 많은 사람들이 집에서도 즐기고 책장에 꽂아두면 저도 기쁠 거예요.

어느 날 그림책 라이브가 끝난 뒤 상품 판매 코너에 앉아 있는데, 이벤트를 본 손님들이 그림책 라이브에서 낭독한 그림책을 사러 속속 다가왔어요. 그중 한 여성이 이런 말을 했죠.

"멋진 활동을 하시네요. 무척 즐거웠어요. 꼭 전하고 싶은 말이 있었는데, 만나서 다행이에요. 저랑 같은 줄에 앉아 있던, 초등 고학년으로 보이는 남자아이가 마지막 프로그램에서 눈물을 흘리더라고요. 마음에 울림이 있었나 봐요. 어릴 때 이런 경험을 하면 크고 나서는 그림책에서 멀어지는 아이들이랑 다르게 그림책을 느끼며 살지 않을까요. 앞으로도 그림책 라이브를 계속 해주세요."

이런 말을 들으니 그동안 시행착오를 겪으면서 진행한 '그림과 음악'이 독자에게 전하고 싶은 형태로 제 안에서 확실히 자

리를 잡았어요.

아쉽게도 '그림책 낭독'에 돈을 지불한다는 인식이 정착되지 않아서, 처음에는 자원봉사로 라이브를 했어요. 그 무렵에 일정한 수준으로 공연을 지속하려면 자원봉사 방식은 어렵다는 생각이 들기 시작했죠. 아무리 멋진 활동도 지치면 오래할 수 없어요. '좋아한다'거나 '하고 싶다'는 마음만으로는 부족해요.

어떻게 하면 '그림책과 음악'으로 먹고살 수 있을까? 지금은 불가능하더라도 우리가 그 가치를 만들어가면 어떨까? 막연하게 생각만 하고 있었는데, 그 여성이 해준 이야기를 들은 뒤로 '그림책과 음악'을 더 구체화하자는 마음이 커졌어요. 우리가 하는 작은 활동이 이어져서 널리 퍼지고, 언젠가 누군가의 소중한 무엇이 되기를 바라고 있어요. 이런 힘겨운 과정을 거쳐 2015년부터 출연료를 받을 수 있게 됐답니다.

4
그림책 피크닉

카페 등을 빌려서 여는 '그림책 피크닉'은 그림책과 음식을 결합했어요. 이름 그대로 맛있는 음식을 먹으면서 그림책과 음식을 이야기하는 이벤트예요. 그림책과 음식을 묶어서 즐거운 시간을 기획하면 어떨까 해서 2016년 1월부터 시작했어요. 다이칸야마에 자리한 근사한 카페의 주인하고 함께 기획해서, 매달 한 번 아침저녁 두 차례 '그림과 맛있는 커피와 밥'이라는 이벤트를 했어요. 맛있는 커피 이야기와 그림책 이야기가 잘 어우러져 좋은 평가를 받았고, 그 뒤로는 곳곳에서 비슷한 이벤트를 열고 있어요.

그림책이 좋아서 그림책과 일상을 함께하는 사람이 많은데, 그 사람들은 저보다 훨씬 그림책을 잘 알 거예요. 제가 그림책을 만나서 세계를 보는 눈이 넓어졌듯이, 그림책을 접하지 않던 사람이 그림책하고 친해지면 새로운 세계가 열리지 않을까 생각했어요. 그림책 피크닉을 시작한 배경에는 이런 마음이 있었죠.

그날그날 재료나 맛도 달라져요 ♪

 '음식'이라면 나이에 상관없이 순수하게 맛과 즐거움을 공유할 수 있고, 자연스레 그림책을 만날 수 있지 않을까 생각했죠. 그림책을 잘 몰라도 음식에 흥미가 있다면 한번 참가해보세요. 그림책 피크닉을 계기로 다른 참가자가 추천한 그림책에 흥미를 느끼고 그림책을 손에 들게 된다면 참 기쁘겠어요. 일상 속에 그림책이 있으면 하루하루가 즐거워진다는 사실은 제가 직접 겪었답니다.
 저는 그림책을 일로 만나게 됐지만, 그림책을 만난 뒤로 놀

라울 정도로 삶이 달라졌어요. 그림책은 소설하고 달라서 읽어야 할 글자가 많지도 않고, 그림만 봐도 충분하고, 잡화처럼 장식하듯이 둬도 괜찮아요. 마음 내킬 때 문득 책장을 넘겨서 그림책에 담긴 메시지를 마음에 새기면 어떨까요.

저는 그림책을 만들기만 하거나 팔기만 하는 데 머물지 않고 그림책에 관한 모든 것을 하고 싶어요. 만들면 독자에게 전하고 싶고, 그 그림책을 이용해 어떤 즐거움을 건네고 싶고, 판매한 뒤에도 계속 관계를 이어가고 싶어요. 그렇게 만나는 사람들이 많아지고, 만남이 확장되고, 다시 새로운 세계가 열리죠. 그림책을 고리로 모이는 곳을 더 많이 만들고 싶다고 늘 생각했어요.

그러다가 2016년부터 '그림책과 음식'을 주제로 '이야기 식당'의 사와노 메구미 대표하고 협업하게 됐어요. 사와노 대표를 만난 뒤 '그림책과 음식'의 가능성이 더욱 넓어졌죠. 2017년에는 이탈리아에서 '그림책과 일본 음식'을 공동 기획했어요.

그림책과 음식이라고 하면 먹거리 교육을 하느냐는 질문을 많이 받는데, 그렇지는 않아요. 나이나 국가의 장벽이 없는 그림책을 매개로 다 함께 '맛있다'는 느낌을 공유하면서, 많은 사람이 웃을 수 있는 시간과 장소를 만들고 싶을 뿐이에요. 음악이 그렇듯 음식이라서 할 수 있다고 생각해요. 그림책과 음식의 궁합도 무척 좋아요. 많은 사람들이 그림책을 통해 미처 모르던 전세계 음식 문화를 만나게 될 겁니다!

'만든다', '판다', '공연한다' 중에서 하나를 빼면 무지개 그림책방은 존재할 수 없어요. 모든 영역이 사업으로 자리잡으려면 아직 갈 길이 멀지만, 앞으로는 공연도 하나의 사업으로 확실히 꾸려가려고 해요. 공연만 해도 수익을 낼 수 있게 하고 싶어요. 엔터테인먼트 사업을 자체 인건비와 운영 경비를 충당하는 수준으로 성장시키는 게 목표랍니다.

5
갈 수 있는 곳이면 어디든
- 출장 무지개 그림책방

숲에도 호수에도
무지개 그림책방은 갈 거예요.

그림책 라이브를 비롯해 출장을 갈 때면 '무지개 그림책방 걷기 여행'이라는 이름으로 모두 함께 갑니다. 그때그때 구성원은 바뀌지만 인연이 닿아서 갈 수 있는 곳이라면 어디든 가고 싶어요.

활동한 모습을 소셜 네트워크 등에 소개하면 감사하게도 '우리 동네에도 와주세요' 같은 댓글이 달리거나 메시지를 받기도 해요. 그런 목소리를 들으면 마음이 뜨거워집니다. '만나러 갈 수 있다면 만나러 가고 싶다.' 무지개 그림책방과 제 솔직한 마음입니다. 곧장 달려가지는 못하지만, 되도록 많은 사람이 그림책의 매력을 접할 수 있게 계획을 세우고 있어요.

6
어른도 아이도 마음껏
– 워크숍과 토크쇼

'예산은 부족하지만 무지개 그림책방에서 꼭 오면 좋겠어요.' 어느 날 이런 초대를 받았어요. 라이브 같은 대규모 이벤트는 할 수 없는 자리였죠. 이런 이벤트에서는 무엇을 할 수 있을까? 이리저리 고민하다가 다 함께 만들기를 해보자는 아이디어가 떠올랐어요. 무지개 그림책방에서 아동미래연구소가 제작하는 '코도모'라는 공작 키트를 판매하는데, 그 키트를 쓰면 모두 즐거운 시간을 함께할 수 있지 않을까 싶었어요. 여동생이 '코도모' 개발에 참여한 덕에 저도 알고는 있었죠. 연필로 쓰고 종이를 접으면서 자유롭게 뭔가를 만들면, 아이와 어른 모두 몰두할 수 있고 스트레스 해소에 도움이 되거든요. '종이로 샌드위치를 만들어서 그림책 피크닉을 하자'나 '그림책 작가와 피에로를 그리자'처럼 그때그때 상황과 참가자에 맞춰 기획했어요.

그 밖에도 2018년부터 시작한 '일곱 가지 색 그림책을 만들자'와 '무지개 그림책 공작 워크숍 — 새하고 함께 여행하는 일

조형 놀이를 위한 도구, 코도모

'곱 가지 세계'라는 이벤트는 참가자가 세 시간 동안 한 권의 그림책을 만드는 프로그램이에요. '그림책 이벤트'라고 하면 아무래도 어린이 전용으로 생각하는데, 무지개 그림책방의 이벤트는 워크숍이나 라이브도 나이를 제한하지 않으려 해요. 아이도 어른도 마음껏 즐길 수 있는 이벤트면 좋겠다고 생각하고 있어요. 아직 가위를 못 쓰는 꼬마도 보호자가 함께하면 가위를 사용하는 공작에 참가할 수 있게 합니다.

언어와 연령, 국적에 관계없이 모두 함께 그림책을 즐기면 좋겠어요. 그림책을 통해 유쾌한 시간과 장소를 공유하고, 모두 좋아할 만한 이벤트를 더 많이 기획하고 싶어요.

7
그림책방 이전! 3층에서 1층으로

2017년은 무지개 그림책방에게도 제게도 커다란 전환기였어요. 먼저 그림책방을 주식회사로 전환했어요. 그전까지는 회사를 다니면서 책방일을 했는데, 회사를 그만두고 그림책방을 전업으로 삼게 되면서 대표이사가 됐어요. 특별히 알리지는 않아

향초와 그릇을 파는 클레이브라는 멋진 가게를 운영하던 아오키 부부

서 모르는 사람도 많아요.

그림책방을 옮긴 일도 큰 변화예요. 2016년 연말에 여러 사정이 겹쳐서 한 평 반짜리 가게에서 나가게 됐거든요. 가게를 빌려 처음부터 다시 그림책방을 만들려면 돈이 꽤 들 듯했어요. 자금 여유가 없었죠.

앞으로 어떻게 해야 하나 고민하고 있었는데, 친하게 지내던 다른 가게의 주인 부부가 제안을 해왔어요. 자주 가고 참 좋아하는 가게였죠. 주인 부부는 가게를 접기로 했다면서 그 자리로 들어오지 않겠냐고 했어요. 주인들이 애정을 쏟아 운영했고 제게도 추억이 많은 가게를 이어받을 수 있다니, 인연이 소중하다는 점을 느꼈어요.

임대료를 물어보니 빡빡하기는 했지만 어떻게든 해볼 만한

옛 가게의 추억이 서린 직접 만든 의자와 계산대

금액이었어요. 외줄타기 경영이 될 수도 있겠구나 싶었지만, '분명히 해볼 만한 때야! 해보지 않으면 몰라' 하고 생각했어요. 제안을 받은 뒤 나흘만에 가게 이전을 결심했어요.

그렇게 상가 건물 3층에 숨은 한 평 반짜리 점포에서 6년째 되던 해, 도로변에 자리한 일곱 평짜리 가게로 옮기게 됐어요. 정말 큰 변화였죠. 한 평 반짜리 가게의 인테리어는 제게 정말 소중했어요. 개업할 때부터 쓴 벽걸이 책장은 가져갈 수 없었지만, 여동생이 디자인하고 친구가 만들어준 의자 일곱 개와 작은 계산대는 새로운 가게에서도 활약하게 됐어요. 예전 가게 주인이 물려준 진열 선반하고 함께 앞으로도 소중하게 사용하려 해요.

무지개 이야기 ④
새로운 소용돌이를 불러일으키는 사람

사토 도모노리 소쇼 사토 서점 대표

사람은 누군가가 자기가 경험한 적 없거나 들은 적 없는 뭔가를 하고 싶다고 물어 오면 안 하는 게 좋다고 답하기 마련이라 생각합니다. 그렇지만 이 세상은 경험한 적 없거나 들은 적 없는 일에 반응을 하죠.

'무지개 그림책방'이 탄생할 때까지 많은 인생 선배들은 아야 대표에게 그만두라고 충고했대요. 상식적으로 생각하면 무모해 보이고 얼마 안 가 망하겠다 싶겠죠.

저는 아야 대표를 처음 만난 날 그런 생각을 날려버리는 '이미지'를 느꼈어요. 아야 대표는 자기 안에 숨은 이미지를 밖으로 표현하는 능력이 있어요. 그렇기 때문에 다양한 사람들과 작가들이 아야 대표를 응원하는 듯해요.

아야 대표를 만난 날, 저도 그중 한 사람이 됐죠. 아야 대표가 하고 싶어하는 일들을 들어보니 정말 재미있어 보였고, 한 번도 본 적 없는 아이디어라 신선했어요. 아야 대표가 불러일으

히로시마 현의 동네 책방 위 도조와 미용실, 카페,
셀프 빨래방 등을 운영하는 멀티 경영자 사토 대표

킬 그 새로운 소용돌이가 무지개 그림책방에서 끝난다면 업계 전체의 손실이라고 생각할 정도였죠.

그중 하나가 '무지개 그림책방 걷기 여행 — 그림책 작가의 그림 책장'이에요. 아야 대표의 활동에 뜻을 함께한 작가들이 손글씨로 쓴 메모를 붙여 그림책을 소개하는 코너인데, 무지개 그림책방에서 하고 끝내기에는 정말 아까웠어요. 작가의 생각을 전할 수 있는 기획은 모든 서점에서 원하죠. 작가도 많은 독자와 팬들에게 자기 생각이 가닿으면 틀림없이 기뻐하겠죠. 그러니 이 '그림책 작가의 그림 책장'이 곳곳을 여행하면 더 많은 사람에게 기쁨을 주리라는 건 분명했어요. 아야 대표의 한결 같은 자세가 작은 물결을 만들기 시작했죠. 그 물결을 무지개 그림책방 바깥에서 가장 처음 느낀 사람이 저와 제 서점의 고객이에요. 전례 없는 방식으로 마케팅을 할 수 있었고, 원화전에 가

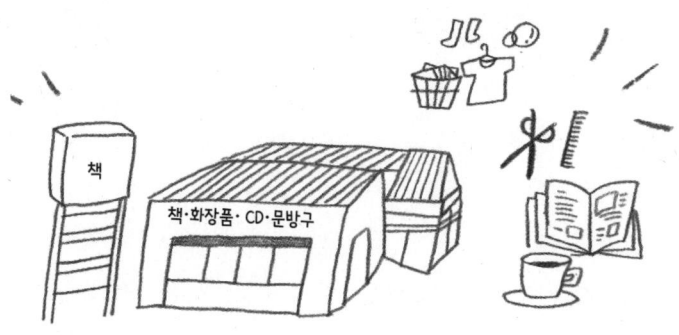

야만 볼 수 있던 작가의 손길을 동네에서 직접 본 손님들은 깜짝 놀라며 무척 기뻐했어요.

"어? 작가가 직접 쓴 거네?"

이렇게 말하면서 한없이 기뻐하는 손님들 표정이 보여요. 그림책들도 더 반짝여 보여요. 이런 점이 아야 대표가 지닌 힘이라고 생각합니다.

5장

그림책으로 이어지는 드넓은 세계

요. '그래, 올해 볼로냐에 가는 거야.'

곧바로 볼로냐에 다녀온 적이 있는 데라이시 마나 작가에게 올해 볼로냐에 가려고 생각 중이라고 말했더니, 기다렸다는 듯 자기도 가겠다는 대답이 돌아왔어요. 이날이 1월 4일이었어요. 크리스마스에 아무 계획도 없이 한 말이었는데, 겨우 열흘 뒤에 다른 사람까지 끌어들여서 구체적으로 움직이기 시작했죠.

볼로냐에 가면 뭐가 있을까, 도서전은 어떻게 진행될까. 솔

1
2016년 볼로냐 도서전에 가다

그래, 볼로냐에 가자

해마다 봄이면 이탈리아 볼로냐에서 '볼로냐 국제아동도서전'이 열립니다. 전세계 어린이책 출판사가 모여 판권을 사고파는 견본 시장과 일러스트레이터를 대상으로 한 그림책 원화전이 열려요. 이 무렵의 볼로냐는 어린이책 관계자들이 한자리에 모여 도시 전체가 북적입니다.

친한 작가가 볼로냐 그림책 원화전에 입선하기도 하고, 대형 출판사 직원에게 도서전 이야기를 듣기도 해서, 막연하지만 언젠가 볼로냐에 가면 좋겠다고 생각했어요. 그 생각이 갑자기 현실로 다가왔어요. 무지개 그림책방 5주년을 맞은 2015년 세밑이었죠. 가까운 사람들끼리 크리스마스 파티를 하는 자리에서 다음해 계획을 밝힐 때, 저도 모르게 선언했어요.

"내년에는 외국에 갈 거예요."

그러고 나서 연말연시에 가족 여행을 갔는데, 크리스마스 파티에서 알게 된 사람이 보낸 메일을 받았어요. 그 사람이 아 그림책 잡지 편집자가 보낸 메시지였어요.

"이시이 씨, 올해 해외 마케팅을 생각하고 있다면 볼로냐 가는 게 지름길이에요."

'뭐지? 이 수상한 메일은……' 만난 적도 없는 사람이 왜 런 메시지를 보냈나 싶어서 놀랐죠. 1월 2일이었어요. 그 을 읽자 머릿속에 '쿵' 하는 소리가 났고, 그 자리에서 결정

직히 그때는 잘 몰랐지만, 일단 가보자고 생각하면서 계획을 세웠어요. 세 달 동안 준비하면서 이래저래 구성원이 늘어났죠. 개성 넘치는 다섯 명이 볼로냐에 가게 됐어요.

일단 3년

드디어 볼로냐를 찾아갔어요. 먼저 2일 입장권을 샀어요. 전시회장 안에는 멋진 그림책이 가득했죠. 무지개 그림책방에 들여놓고 싶은, 개인적으로 갖고 싶은 그림책이 무척 많아서 보기만 해도 신이 났어요.

한 바퀴 도는 동안 중요한 사실을 알게 됐어요. 그동안 도서 견본 시장에 가본 경험을 바탕으로 분위기를 대충 상상했는

볼로냐 국제아동도서전의 전시장은 전 세계 출판사의 부스가 한가득!

데, 일본하고도 다르게 마음에 드는 그림책의 판권을 협의하고 싶어도 약속을 미리 잡지 않으면 출판사 사람을 만나 이야기를 할 수 없었어요.

반나절 정도 둘러본 뒤에야 그 사실을 깨달아서, 이번에는 분위기만 파악하자고 마음을 바꿨어요.

"일본 그림책방입니다."

이렇게 자기소개를 하면서 마음에 드는 출판사 부스를 돌았어요. 대개 출판사가 판권을 사러 오기 때문에 서점 사람은 드문 편인 듯해요. 출판사에 서점은 고객이니까요. 판권을 사고파는 상대가 아닌데도 명함을 받아줬어요. 부스 몇 군데를 다니다가 포르투갈의 어느 출판사 직원을 만나 이야기를 나눴고, 꽤 친해져서 지금도 소셜 네트워크로 자주 연락합니다.

볼로냐에는 평소 교류하던 출판사 직원이나 이름만 알다가 처음 만난 사람까지 일본 출판계 관계자가 많이 왔어요. 첫날 밤에 열린 파티에서 인사를 나눈 도쿄 이타바시 구립미술관 부관장인 마쓰오카 기요코가 이런 말을 했어요.

"볼로냐는 3년째부터 판가름납니다."

판가름이 난다니, 무슨 뜻일까? 솔직히 잘 몰랐지만, 그 말이 머릿속에 남아서 '어쨌든 세 번 오면 뭔가 알게 되겠지. 무슨 일이 있어도 다시 꼭 오자'고 마음을 굳혔어요. 꾸준히 오면 반드시 새로운 사람을 만날 수 있고, 점점 인맥을 넓힐 수 있을 거

야. 귀국한 뒤 재빨리 다음해 계획을 세우기 시작했죠.

팔리는 그림책은 어떤 그림책?

"○○에 예쁜 그림책이 있었어."
"그 그림책 판권 사고 싶더라."
볼로냐에서 만난 출판사 사람들은 자연스레 이런 이야기를 많이 해요. 저도 제가 좋아하는 그림책을 말했는데, 십중팔구 이

런 대답이 돌아왔어요.

"귀엽기는 한데, 우리 출판사는 안 할 거 같아."

제가 귀엽다고 생각한 그림책을 대형 출판사는 사업성이 없다고 생각하는 듯했어요. 마케팅을 하거나 판권을 수입하는 사람들은 일본에서 잘 팔릴 만한 책은 무엇인지 냉정하게 판단하는 느낌이었어요. 그래서 무지개 그림책방에서 들여놓고 싶은 그림책은 대형 출판사가 선택하는 그림책들하고 겹치지 않았어요. 같은 책을 수입하려는 출판사가 없어서 무지개 그림책방에 기회가 더 많겠다 싶었죠.

2
두 번째 볼로냐

2017년에도 볼로냐 국제아동도서전의 계절이 돌아왔어요. 두 번째니까 저번처럼 그냥 보기만 하고 돌아올 수는 없었죠. 이번에는 무지개 그림책방만의 단독 이벤트를 하기로 정했어요. 복합 문화 서점에 자리한 레스토랑에서 일본 음식과 그림책을 체험하는 모임을 열기로 했죠.

2016년에 있는 볼로냐의 한 서점에 무지개 그림책방이 낸 오리지널 그림책을 들고 가서 인사를 했어요. 대형 프랜차이즈 서점이어서 판매 협상은 못했어요. 그렇지만 음식 관련 책을 가져간 덕에 요리책 담당자가 무척 흥미를 보였고, 그 담당자하고 금세 친해졌어요. 영어도 이탈리아어도 못해서 통역이 필요하기는 했지만요.

귀국한 뒤 볼로냐에 사는 친구가 도와서 다음해에 그 서점에서 음식 관련 이벤트를 열게 된 거죠. 마침 볼로냐에서 일본 음식이 붐이었죠. 그 서점은 그림책 내용에 맞춰 일본 음식을 만

들고 싶어했어요.

운이 좋았는지 그해에는 '이야기 식당'의 사와노 메구미 대표도 함께 볼로냐에 가겠다고 약속했죠. 사와노 대표는 이탈리아 레스토랑에서 실력을 닦았고, 저하고 여러 이벤트를 함께한 적도 있어요. 사와노 대표도 이 제안을 즐겁게 받아들였어요. '이탈리EATALY'라는 식료품점하고 협업해 현지에서 식재료를 제공받고, 사와노 대표가 일본 음식을 만들기로 했죠.

마침 같은 때 열리는 세계 최대 규모의 '밀라노 사로네 국제

볼로냐는 베네치아하고 가까워요. 추워도 곤돌라는 좋아요.

'가구 전시회'에 디자이너인 여동생이 칠기 작품을 전시하기로 해서 여동생도 함께 가게 됐어요.

3

세 가지 과제

'이야기 식당'의 사와노 대표, 저, 제 여동생이 함께하는 볼로냐 여행이 됐어요. 이번 여행의 과제는 무엇보다 음식 이벤트의 성공, 작년에 알게 된 포르투갈 출판사를 만나 다시 이야기 나누기, 그림책 수입 협상까지 세 가지였어요.

음식 이벤트는 아담하게 할 예정이었지만 정원이 무려 서른 명으로 늘어났어요. 협의를 거듭하면서 메뉴에 초밥이 있으면 좋겠다든가 디저트까지 나오는 본격 코스 요리가 좋겠다는 의견이 나왔어요. 결국 꽤 양이 많아졌는데, 사와노 대표가 거의 혼자 해냈어요.

50유로(6만 5000원)라는 조금 비싼 가격에 사전 예약제였는데도, 일본 음식이 붐이어서 그런지 금세 정원이 찼어요. 손님 중에는 이탈리아 전 대통령을 비롯해 유명 인사도 있었어요. 저는 주먹밥이나 화과자, 그림책을 손에 들고 사람들 사이를 돌아다니면서 그림책에 실린 음식을 가리키며 흥미를 돋우는 담

이야기 식당 주인
사와노 메구미

주먹밥

밥

↑
양갱
무화과나 호두가 들어있어요

당이었죠. 그림책이 가진 힘에 기대서, 말은 못해도 그림책만 보여주며 설명할 수 있었어요. 많은 참가자가 맛있다고 말했고, 이벤트는 무사히 끝났어요.

무지개 그림책방의 오리지널 그림책《스키야키》를 모티브로 삼아, 처음에는 이 이벤트에 스키야키 메뉴를 제안하려고 했어요. 두 번째 그림책의 테마를 스키야키로 정한 이유도 이 음식이 해외에 널리 알려져 있다는 생각 때문이었죠. 그렇지만 엄청난 착각이었어요.

"스키야키, 재패니스 소울 푸드."

계속 이렇게 외쳤지만, 이탈리아에서는 전혀 통하지 않았어요. 스키야키는 북아메리카에서만 통하는 듯해요. 이탈리아에서는 설탕 넣은 달짝지근한 음식을 별로 안 좋아하는 데다가

얇게 썬 소고기도 구하기 어려워서, 아쉽게도 스키야키 프로젝트는 실행에 옮기지 못했어요. 이탈리아 사람이 생각하는 일본의 소울 푸드는 초밥이었어요.

무지개 이야기 ⑤

어쩔 수 없는 이시이 아야

사와노 메구미 푸드 디렉터, 이야기 식당 대표

몇 가지 일이 떠오릅니다.

첫째, 아야 대표는 도쿄에서 프랑크푸르트까지 가는 비행기에서 일을 하겠다며 노트북과 자료를 산더미처럼 들고 탔어요. 그렇지만 이륙하고 30분 뒤에는 입을 벌리고 쿨쿨 잤어요(증거 사진 있음). 식사 시간에는 정신 차리고 벌떡 일어나 남김없이 먹고, 일 좀 하려나 하면 다시 자고, 일어났나 하면 먹고, 또 잤어요. 프랑크푸르트 공항은 환승 게이트까지 거리가 꽤 멀었는데, 아야 대표가 들고 온 짐이 너무 무거워서 좀처럼 앞으로 나아가지 못했어요. 대체 무엇을 위해 들고 온 짐일까요.

둘째, 감사하게도 볼로냐에서 그림책과 음식 이벤트를 하게 됐죠. 함께 일할 사람이 필요했는데, 아야 대표가 도와줄 테니 걱정 말라고 믿음직스럽게 말했어요. 그런데 에나멜 구두를 신고 왔지 뭐예요. 주방에서 에나멜 구두는 좀 그렇다고 하니까

밀라노 호텔에서

또다시 믿음직스럽게 말했어요.

"굽이 낮아서 괜찮아. 도와줄게."

고맙긴 했지만 구두는 좀……. 주방에 새로 산 구두를 신고 오다니……. 속으로 외쳤어요. '그냥 그 구두를 갖고 싶은 거 아니야.' 미끄럽고 위험해서 조리하는 곳에 아야 대표를 들어오지 못하게 했고, 결국 아무런 도움을 받지 못했어요. 그때는 심하게 말해서 미안해, 아야.

셋째, 밀라노의 호텔에서 잔뜩 챙겨 간 술을 마시고 취해서 목소리가 커진 아야 대표는 동생인 나오한테 야단을 맞았어요. 볼로냐와 피렌체에서도 한 번씩 동생에게 혼났죠.

넷째, 이벤트에 입고 갈 의상을 이리저리 궁리하던 아야 대

표가 나비넥타이를 주문했어요. 이벤트 현장으로 가는데 나비넥타이가 도착하지 않은 사실을 알았죠.

"왜 말 안 했어?"

겉으로는 웃었지만 속으로 '왜 말을 안 한 거야' 하고 외치려던 순간, 주문을 늦게 한 실수를 만회하려는 듯 웃으며 아야 대표가 말했어요.

"괜찮아. 나비넥타이 대신 리본을 갖고 왔는데, 리본이 더 예뻐."

결국 나비넥타이는 어디로 간 걸까요…….

아야 대표의 이런 어처구니없는 행동을 저는 '이시이 아야의 개성'이라고 이름 붙이고는, 아야 대표니까 어쩔 수 없다며 스스로 다독인답니다.

4
수입 그림책을 팔다
- 판권 매매

2016년 볼로냐 국제아동도서전에서는 마음에 든 그림책을 몇 권 사 왔어요. 모두 무지개 그림책방 분위기에 어울릴 만한 예쁜 그림책이었어요. 그 그림책들을 책방에 장식했더니 손님들이 많이들 사고 싶어해서 놀랐어요. 이탈리아어나 영어, 포르투갈어라서 대부분 내용을 알지 못하는데도, 쉽게 구할 수 없으니 갖고 싶다고 했죠.

정식 수입을 해서 들여오면 팔리려나? 수입 책 판매가는 마음대로 정할 수 있기 때문에 사업성이 있어 보였어요. 안정적으로 수입할 수 있다면, '무지개 그림책방에서만 볼 수 있는' 그림책을 팔면 좋겠다 싶었죠. 수입 절차나 넘어야 할 장벽은 많지만, 직접 팔 장소가 있으니 도전해보고 싶어요.

외국에서 출판한 그림책을 일본어로 옮겨 무지개 그림책방에서 자체 출판하는 방식도 검토하고 있어요. 앞으로 하고 싶은 일 중 하나랍니다.

그림책으로 새로운 만남을

무지개 그림책방 그림책은 대부분 두 가지 말로 만들기 때문에 해외 판매를 할 때 넘어야 할 장벽은 비교적 낮았어요. 2016년 볼로냐 아동도서전에 처음 참가할 때 몇 권 들고 가보니, 현지 서점에서도 반응이 좋았어요. 그림책을 매개로 해외 사람들하고 뭔가 함께할 수 있다면 즐겁겠죠. 외국 출판사들도 그런 파트너로 우리를 선택해주기를 바라요. 그림책이랑 함께하기 때문에 할 수 있는 일을 전세계 사람들하고 하고 싶어요.

세 번째로 볼로냐에 가서 다시 이벤트를 한다면, 그다음 단계로 뭔가가 이어질 수 있다는 마음으로 준비했어요. 다음 목표는 2020년까지 무지개 그림책방 단독 부스를 내는 거예요. 지

단독 부스를 내려면 돈이 드는데,
어떻게 해나갈지 생각하자.

금은 오리지널 그림책 종수가 적어서 참가비를 고려하면 아직 때가 아닌 듯해요.

  부스 비용이 비현실적이지는 않지만, 지금의 무지개 그림책방이 감당할 만한 금액은 아니에요. 2018년은 '판가름의 3년째'인 해입니다. 볼로냐에서 새로운 만남을 갖고 인연을 늘려가서 단독 부스를 낼 만한 힘을 키우고 싶어요. 해마다 뭔가를 행동으로 옮기면 다음 단계로 이어지리라 생각해요.

5
3년째의 승부!

2017년의 음식 이벤트는 성공했지만 과제도 많이 남았어요. 이탈리아 사람에게 일본 그림책의 장점과 재미를 더 잘 전할 방법은 없을까. 다음에는 그 점도 고려해야 한다고 느꼈어요. 또한 그때는 이벤트 현장에서 그림책을 팔 수 있는 허가를 받지 못했는데, 일본 음식에 흥미가 있는 사람들에게 그림책을 팔지 못해서 아쉬웠어요.

새로운 만남도 있었죠. 지금도 인연이 계속 이어지고 있는데, 볼로냐에 일본인이 운영하는 일본 음식점이 있으니 다음해에는 거기서 이벤트를 하면 어떠냐고 제안해줬어요.

다른 서점에도 인사하러 들러서 워크숍을 여는 쪽으로 이야기가 됐어요. 볼로냐에서 가장 오래되고 유명한 어린이 책 전문점인데, 시간이 1년이나 있으니 서로 착실히 준비하기로 했어요. 우연히 들른 밀라노의 한 서점하고는 앞으로 뭔가 이벤트를 함께하면 좋겠다는 이야기도 했어요. 그 서점은 내부 디스플레이

이치구치 작가가 소개해준 덕분에 현지에서 이벤트를 열었어요.

볼로냐의 그림책방 지안니노 스토파니의 반짝반짝 엘레나하고 함께 이벤트를 열었어요.

가 꽤 멋져서 그림책을 배치하는 요령도 많이 배울 수 있었어요.

준비하느라 힘들었지만 현지 활동에 발판이 될 수 있었다는 점을 생각하면, 볼로냐에 두 번째 간 경험도 정말 좋았다고 마음 깊이 느끼고 있어요.

무지개 그림책방 '국제팀' 탄생

무지개 그림책방 홈페이지에는 영어 페이지가 있어요. 게다가 국제팀도 있답니다. 영어를 잘하는 가나가 주요 구성원이죠. 아이를 키우느라 출퇴근 시간을 자율 조정하면서 외국에서 오는 문의 메일에 대응하고 있어요.

앞으로 세계로
더 뻗어나갈 거예요.

    국제팀이라고 하면 거창하게 들릴지도 모르겠지만, 2016년 볼로냐에 가기 시작하면서 필요성을 느끼고 만들었어요. 앞으로 무지개 그림책방은 국제적으로 움직일 예정이어서, 작더라도 국제팀은 필요할 듯해요. 그림책을 두 가지 말로 만드니까 해외 판권 매매와 수출입, 양쪽 다 가능성이 있겠죠.

6
대만에 가다

만나고 싶은 사람이 대만에 있다

2016년에는 이탈리아말고도 외국과 인연이 또 생겼어요. 1월에 대만에 사는 일러스트레이터 조이스 왕이 '리틀 수'라는 기획 전시회를 열었어요. 그때 그림책방 손님이던 가나가 소개해서 조이스 왕을 만나게 됐어요. 가나는 영어를 하고 조이스 왕은 중국어와 영어를 할 수 있어서, 기획전은 모두 가나가 준비했어요. 저는 영어를 잘 못하거든요.

   그러다가 조이스 왕이 그림책을 내고 싶어한다는 사실을 알고, 아주 느리게 진행하기는 했지만 셋이서 그림책도 만들기 시작했어요. 대만과 일본은 멀리 떨어져 있었고, 가나를 거치지 않으면 조이스 왕과 저는 의사소통을 할 수 없었죠. 좀처럼 생각한 대로 그림책이 진행되지 않던 2016년 6월, 조이스 왕이 일본에 왔어요.

가나와 조이스 왕은 유학 시절 룸메이트

"그럼 책방 사무실에 머물면서 그림책 합숙을 하죠."

그렇게 함께 먹고 자면서 그림책을 제작했어요. 2박 3일의 짧은 일정이었지만, 가까운 작가들과 책방 직원에게 조이스 왕을 소개하고 모두 즐거운 시간을 보냈어요. 그 뒤로 제가 대만에 갈 때마다 정이 쌓였어요. 조이스 왕하고는 라인 어플의 번역 기능을 이용해서 메시지를 주고받는데, 세세한 뉘앙스까지는 전달이 안 되지만 친구로 잘 지내게 됐어요.

조이스 왕을 만난 뒤로 대만에 갈 때마다 친해지는 사람이 늘었고, 소셜 네트워크 팔로어 중에도 대만 친구가 많아졌어요. 대만은 인연이 깊은 나라예요. 가보고 싶은 서점이나 갤러리도 많고, 가고 싶은 곳, 만나고 싶은 사람이 가득해요. 운 좋게 잡지 에디터나 작가도 많이 만나서 인연을 이어가고 있어요. 앞으로도 대만에서 더 즐거운 일이 생기리라는 예감이 들어요.

일본 문화를 소개하는 대만 잡지 《추 따오 위》 에바 편집장

타이페이에서 연 토크 이벤트

2017년 12월 12일, 대만에서 서점 이벤트를 처음 한 날이에요. 이벤트 장소는 무려 대만 준쿠도(일본의 대형 서점 체인으로 2009년에 대만에 진출했다 — 옮긴이). 준쿠도 서점에서 어린이 책 섹션에 무지개 그림책방 코너를 큼지막하게 마련했어요. 직원들이 한 권 한 권마다 중국어로 메모를 직접 써서 붙여주었어요. 정성이 가득 담긴 코너를 보고 애정이 듬뿍 느껴져 감동했어요. 준쿠도에서 하는 첫 이벤트였죠.

가장 큰 걱정은 참가자 모집이었어요. 과연 얼마나 오실까. 토크 이벤트 이틀 전에 '컬처 앤 아트북 페어 Culture & Art Book Fair in TAIPEI'에 참가했는데, 행사 첫날 대만 준쿠도 서점 점장이 전단

대만 쥰쿠도에서 한 토크 이벤트, 엄청 긴장했어요!

지를 가져왔어요. 이틀 동안 전단지를 다 돌리기는 했지만, 대만에는 전혀 알려지지 않은 무지개 그림책방의 토크 이벤트에 사람들이 모일까……. 시작하기 직전까지 많이 걱정했어요. 어느 정도 올지 예측조차 못했죠.

열다섯 명이 오는 이벤트였는데, 무려 스무 명이 넘는 손님이 발걸음했어요. 끝난 뒤에도 많은 사람이 말을 걸어서 정말 기뻤어요. 통역을 통하기는 했지만 따뜻한 질문을 받고, 서로 마음을 나눌 수 있었어요. 참으로 소중한 기회를 갖게 돼서 감사한 마음이 가득했어요.

그림책방을 하는 덕에 이런 시간, 이런 장소에서 많은 사람을 만날 수 있다는 사실을 실감했어요. 기회가 닿는다면 전세계 서점에서 그림책 관련 이벤트를 하고 싶다고 다시 한 번 마음 깊이 소망했어요.

7
인쇄와 제본을 해외에서

한번 맺은 인연은 계속 이어져서 대만을 찾을 기회가 또 생겼어요. 바로 그림책 인쇄와 제본이었어요. 물론 일본에도 인쇄소가 많고 배송료 등까지 고려하면 일본에서 인쇄해야 제작비가 낮지만, 대만에서 제작하기로 한 데는 이유가 있었어요.

이야기는 조금 거슬러 올라갑니다. 제가 마쓰모토 작가가 그린 《이상한 나라의 앨리스》 원화에 마음을 빼앗긴 이유는 예쁜 그림체는 물론 시대의 흐름이 느껴지는 다정한 색채가 근사한 때문이었어요. 지금 판매되는 '고단샤 그림책 골드판'에 비교해 보면 색채 차이가 뚜렷해요. 원화에서 느껴지는 자상한 세계관과 감동을 독자에게 전하고 싶다는 마음에, 원화의 아름다움을 살린 그림책을 만들자고 저 자신에게 숙제를 냈어요.

인쇄소 직원이 소개해서 그림의 분위기와 색감을 되살릴 인쇄용지를 고르고 책등에 천을 대는 제본 방식을 검토하는 등 제작에 전에 없이 공을 들였어요. 당연히 비용이 불어났죠. 인쇄소

에서 책등에만 클로스 원단을 특수 제본하는 회사를 소개했는데, 수작업이어서 견적이 엄청 높게 나왔어요. 1000부든 2000부든 견적 비용은 크게 차이가 안 나서 여러 곳에서 견적을 받아봤어요. 결국 그중에 대만에 공장이 있는 회사의 조건이 좋아서 그곳에 의뢰하게 됐죠.

인쇄 과정을 직접 보려고 미치에, 가와구치, 인쇄소 직원하고 함께 대만에 갔어요. 작업 현장을 직접 확인하고 색감을 조정하려고요. 일은 순조롭게 진행됐고, 업무가 끝난 뒤에는 친한 친구들도 만날 수 있어서 참 즐거웠어요.

1
그림책 동네 풋살 팀 리브리스타

무지개 그림책방을 시작한 뒤 일과 개인 생활의 경계가 완전히 사라졌어요. 늘 책방에 관련된 일만 생각할 뿐이죠. 진행하고 있는 출판물이나 다음 이벤트 준비, 어떤 책을 들여올지 등등. 친구도 대부분 그림책 동네 사람들이어서 어디까지가 일이고 어디까지가 노는 건지 알 수 없었어요.

그런 와중에 친해진 '에혼 나비'(그림책 네비게이터라는 뜻으로 그림책 통신 판매 업체 ― 옮긴이)의 미미가 어느 날 풋살이 재미있다며 함께하자고 했어요. 스포츠를 너무 못해서 거절하려 했지만, 친한 친구가 모처럼 권하니까 일단 가봤어요. 그런데 해보니까 정말 재미있는 거예요.

풋살 팀 리브리스타Librista는 그림책 작가와 편집자로 구성된 남녀 혼성팀이었어요. 한 달에 한 번 친목회를 겸해 풋살을 하기 때문에 많은 그림책 작가와 출판사 편집자가 회원이에요. 회원 중에는 업계 사람이라면 다 알 만한 유명 작가도 있었는데,

저는 그림책 작가를 잘 몰랐어요. 얼굴과 이름을 일치시키지 못할 때도 많고, 이름조차 모르기도 했죠…….

어느 날 우연히 옆자리에 앉은 사람하고 즐겁게 이야기를 나누다가 자기소개를 하는 타이밍에 물었어요.

"뭐 하시는 분이세요?"

주변에서 웅성웅성……. 그 순간 얼어붙은 분위기란! 거기 모인 사람들이 모두 아는 그림책 작가였어요. 이 일을 겪은 뒤로 작가들을 좀 더 알아가면서 여러 곳에 열심히 얼굴을 비춰 다양한 사람들하고 친분을 쌓고 있어요.

그림책 작가의 그림 책장

예전 가게는 한 평 반짜리 좁디좁은 점포였지만, 2017년 4월에 옮긴 새 가게는 일곱 평이에요. 거의 네다섯 배 넓어졌어요. 넓다고 감탄하면서도 이 공간을 어떻게 채워야 할지 조금 불안하기도 했어요. 빈 책장을 채우느라 책을 입고하는 양도 꽤 늘려야 했죠.

무지개 그림책방은 여전히 도서 총판에 계좌가 없었고, 대개 아동문화보급협회에서 들여오는 책을 팔았어요. 재고를 많이 두다가 안 팔리면 어쩌지……. 어떤 아이템을 들여오면 좋을지조차 모르겠어……. 임대료가 오른 만큼 매출 목표도 높아졌죠.

그때까지 한 평 반짜리 가게여서 매절로 들여와서 운영할 수 있었어요. 재고 부수(재고 금액)가 아주 적어도 괜찮았죠. 넓이가 일곱 평인 가게의 재고 금액은 그냥 계산해도 예전의 네다섯 배가 넘었어요. 모두 매절로 들여오면 현금 흐름이 힘들어지리라는 예감이 들었죠. 이제까지는 책을 고르고 골라서 들여왔는데, 확 늘려도 괜찮을까? 재고 금액이 늘어나는 일 자체에 불안을 느끼면서, 일단 책장을 어떻게 채울까 고민하던 무렵에 구세주가 나타났어요.

"책방이 넓어지니까 책장 채우기 힘들죠?"

풋살 연습을 끝내고 언제나 그렇듯 뒷풀이를 할 때, 아라이

작가 추천 책장을 만들어 봐요.

히로유키 작가가 말을 꺼냈어요. 아무 계획이 없을 때였어요.

"그럼 그림책 작가가 추천하는 책장을 해보면 어때요?"

"정말이요? 해주시겠어요?"

생각지도 못한 제안에 되물었어요. 놀랍기도 하고 기쁘기도 하면서 '이 얼마나 멋진 기획인가' 하고 감탄했죠.

"여기 있는 멤버가 한 달마다 돌아가면서 하면 1년 동안 이어 갈 수 있어요."

풋살 팀 멤버는 그림책 작가를 비롯해 출판사 편집자나 디자이너 등 모두 그림책 관계자들이었어요. 모두 돌아가면서 책장 하나 분량의 추천을 받아 '추천 책장'을 해보자는 제안이었어요. 그림책 동네에서 일하는 사람들이 추천하는 책을 진열하면

틀림없이 그림책 팬도 기뻐할 듯했어요. 책장도 알차지니까 더욱 기쁜 일이죠.

"됐어, 책장 하나가 채워진다!"

생각지도 못한 방향으로 일이 흘러가면서 추천 책장을 하게 됐어요. 한편으로는 불안하기도 했어요. 작가들이 추천하는 책은 늘 들여오는 그림책하고 다르기 때문에, 어떻게 될지 몰랐죠. 추천한 책이 그림책방 고객이랑 맞지 않으면 불량 재고가 될 수도 있었거든요. 몇 해 전부터 대형 도서 총판이 반품이 되는 소액 거래 서비스를 시작했다고 하는데, 이번 기회에 도서 총판하고 계약을 해야 할지……. 여러 사람들을 만나 묻고 정말 다양한 충고를 들었어요.

그림책 작가의
그림 책장

    이리저리 고민한 끝에 지금까지 하던 대로 들여오고 싶은 그림책은 매절로 거래하기로 했어요. 매절로 들여와서 잘 안 되면 그때 가서 다시 생각하면 된다, 이렇게 마음먹고 늘 하던 대로 그림책을 들여왔어요. 확실한 승산도 없었고, 정말 불안했죠. 주위에서는 더 많이 들여왔다가 불량 재고를 떠안게 되지 않을까 걱정했어요.
    "안 팔리면 어떡할 거야?"

브론즈 출판사의 도쿠나가가 원화를
보호하기 위한 액자를 만들어 주었어요.

그럴 때면 저도 모르게 대답했죠.

"안 팔릴 책은 들이지 않아."

그때까지 무지개 그림책방에서 불량 재고가 된 그림책은 없었어요. 반년 동안 책장만 차지하던 그림책이 어느 날 갑자기 팔린 적도 있어요. 그 그림책은 그 사람을 줄곧 기다리고 있었다는 듯 자연스럽게 책방을 떠나요. 그림책에는 팔리는 때나 임자를 만나는 때가 있어서, 진열된 지 얼마나 됐는지만 다를 뿐, 언젠가는 반드시 팔립니다. 그러니 괜찮을 거야……. 물론 제가 책을 들여올 때 크게 모험을 하지 않는다는 점 때문이기도 하죠.

이렇게 해서 제안자인 아라이 작가부터 추천 책장을 시작했

어요. 아라이 작가다운 추천 책들이 책방에 진열됐고, 그중에는 저도 모르는 그림책이 많았어요. 책방에는 아라이 작가 추천 도서하고 함께 아라이 작가가 만든 작품도 준비해서 '아라이 월드'를 만들었어요. 평소에 무지개 그림책방에 없는 책을 만날 수 있는 데다가 아라이 작가의 작품까지 접할 수 있는 기획이어서, 아라이 작가의 팬을 비롯한 많은 사람들이 즐길 수 있었어요.

깜짝 이벤트도 있었어요. 아라이 작가가 추천 도서에 손글씨로 써서 붙인 메모예요. 추천한 책 몇 권에는 볼 만한 곳을 골라 일러스트를 곁들인 메모를 썼어요. 귀중한 메모니까 복사본을 전시하는 편이 나을까 걱정도 했지만, 작가가 쓴 글씨를 직접 보여주고 싶은 마음이 컸어요. 오염 방지용 커버만 씌워서 그대로 추천 책장에 전시했어요.

그림 책장의 걷기 여행

'그림책 작가의 그림 책장'은 그림책 작가들이 정성을 들여 고른 책들인 만큼, 무지개 그림책방에서 끝내기에는 너무 아까웠어요. '무지개 그림책방이랑 교류하는 서점에서 릴레이로 하면 좋을 텐데.' 히로시마 현에 자리한 책방 '위' 도조 지점의 사토 도모노리 점장은 이런 막연한 생각에 뜻을 같이 해줬어요. 사토 점장에게 작가 추천 리스트를 건네면서 작가가 손으로 쓴 메모도 함께 전했어요.

이때도 복사본으로 하는 게 좋겠다는 충고를 여러 번 받았지만, 작가가 쓴 글씨를 직접 봐야 의미가 있다고 생각했어요. 지방에 사는 사람들은 이런 작품을 볼 기회가 그리 많지 않으니까 실물을 전하고 싶었죠. 아직 시작한 지 얼마 안 된 '그림 책장 걷기 여행'이지만, 무지개 그림책방이 시작한 추천 책장과 작가 손글씨 메모가 지방 서점에 다다르는 모습을 보니, 제가 한 일이 오래도록 꿈꿔온 '무지개 다리' 구실을 하는 듯해요. 이 여행 덕에 독자들이 지방 서점에도 많이 발걸음하면 좋겠어요.

2
그림책을 함께 만드는 사람

모르는 사람이 보낸 원고를 받고
깜짝 놀란 적도 있어요.

만남에서 시작되는 그림책 만들기

2018년까지 무지개 그림책방에는 '출판팀'이나 '편집부'는 없었어요. 그림책 만들기는 저 혼자 하는 사업이었어요. 사업이라는 말이 좀 거창하게 들릴 정도로 작디작은 활동이죠. 그런데도 이 작은 그림책방에 그림책 작가가 되고 싶다거나 그림책을 만들

일러스트레이터이자 디자이너 고나쓰 작가랑
4년 동안 그림책을 만들고 있어요.

고 싶다거나 그림책 원고를 봐달라는 문의가 많이 옵니다.

무지개 그림책방의 출판 사업은 출판 계획이 미리 잡혀 있거나 작가 발굴에 힘을 기울인 덕에 진행된 게 아니라, 언제나 우연히 사람을 만나 진행됐답니다. 직감이기는 하지만 느낌이 팍 옵니다. '이 사람이랑 그림책을 만들게 되겠구나.'

무지개 그림책방의 오리지널 그림책은 지금까지 하라페코 메가네, 미야사카 선생님, 마쓰모토 선생님 가족하고 만들었어요. 미야사카 선생님과 마쓰모토 선생님 그림책을 제작할 때는 가와구치 북 디자이너가 함께했죠.

하라페코 메가네 두 사람은 원래 그래픽 디자이너여서 저하고 셋이서 그림책을 완성할 수 있었어요. 마쓰모토 선생님 그림책은 가족 모두 함께 만들었고요. 패밀리 그림책을 만들 때도

배로 여행하는 여자 아이의 이야기

이 책의 일러스트를 그렸어요.

그림책 한 권 한 권마다 구성원이 달라져요.

친구들하고 함께 아직 가보지 못한 세계로

무지개 그림책방이 제작해서 출판을 눈앞에 둔 그림책이 몇 권 있어요. 함께 그림책을 만들기로 하고 조금씩 천천히 발전시킨 아이디어가 많아요. 그림책 만드는 사람이 맞이하는 인생의 단계는 그때그때 제각각인데, 그 사람에게 가장 좋은 시기가 자연스레 찾아와 책을 만들기 시작할 때가 많아요.

이 책에 실은 일러스트를 그린 고바야시 유키 작가하고도 오랜 시간을 준비해 그림책을 냈어요. 그림책 작가가 되고 싶어하

고지마 게이타니 러브

던 고바야시를 만난 때 '이 사람하고는 틀림없이 함께 뭔가를 하게 되겠다'는 느낌이 왔어요. 그림책을 만들고 싶다는 말을 듣자마자 제안했죠.

"먼저 머릿속에 있는 내용으로 뭔가 해볼까요?"

"무지개 그림책방에서 기획전을 해봐요."

"기승전결 따위는 생각하지 않아도 돼요. 그리고 싶은 장면을 그리고 싶은 만큼 그려봐요!"

고바야시 작가의 그림 속 세계관을 좋아하기 때문에 제 안에서 구체적인 이미지가 자꾸 떠올랐어요. '나무 열매와 배 이야기'라는 개인전을 기획하면서 작가가 만들고 싶어하는 그림책이 뭔지 알 수 있었어요. 고바야시 작가도 이 과정을 거치면서 나름대로 이야기를 더 구체화한 듯해요.

개인전이 끝나고 나서 그림책 제작에 들어갔는데, 실제로 구

후루야 치아키 작가, 무지개 그림책방에서는 직원 각키

상에는 1년 정도가 걸렸어요. 막바지에 이르러 또 다른 아이디어가 떠올랐어요. '그림책에 노래를 붙이자.' 제 주위에 뮤지션이 많아요. 고바야시 작가의 그림책을 만들 때 협업한 뮤지션은 처음 함께하는 아티스트였어요. 2017년 5월에 제가 참가한 '아웃도어 이벤트 라이브' 출연자였어요. 라이브 무대하고 별도로 아이들을 위한 음악 워크숍도 해서 가보기도 했죠. '음악으로 배를 만들어 모험에 나서자'는 매우 재미있는 프로그램이었죠.

그때는 아직 막연해서 함께하자고 제안하기가 어정쩡했는데, 《나무 열매와 배 이야기》라는 그림책을 만들면서 연결 고리가 보였어요. 밑져야 본전이라는 생각으로 메시지를 보내니 바로 답이 왔고, 다음날 아침에 만나 이야기를 시작했어요. 그림책 만들기의 마지막 단계에서 갑자기 사람이 늘었죠. 그때부터 그림책 만들기는 생각지도 못한 방향으로 나아갔어요. 아직 가

그림책 팀이에요.

보지 못한 세계를 향해 노를 젓기 시작한 '그림책'이라는 배에 탄 듯했어요.

다른 한 권은 무지개 그림책방에서 일하는 각키가 만든 작품 《야심가의 포도》예요. 이 책도 그림책으로 먹고사는 동료라서 함께 만들 수 있는 작품인데, '함께 만들어 함께 건넨다'는 슬로건을 생생히 체험하면서 진행했어요.

이렇게 돌아보니 그림책 한 권을 만드는 데도 정말 많은 방법을 동원하네요. 무지개 그림책방의 그림책은 정해진 형식 없이 '왠지 모르지만 희한하게 이렇게 됐다'는 느낌으로 만든 사례가 많아요.

각키는 원래 시스템 엔지니어이자 웹 디자이너였어요. 그림책 작가로서 책을 만들면서, 무지개 그림책방 출판팀의 한 사람으로서 편집자, 북 디자이너, 일러스트레이터로 활동할 예정이에요. 자기가 하고 싶은 일, 이루고 싶은 목표를 향해 바닥을 함께 다져가는 든든한 사람입니다.

팀으로 만드는 그림책

"주위에 유명한 그림책 작가가 이렇게 많으니, 그림책도 더 많이 만들 수 있지 않아요?"

요즘 이런 말을 자주 들어요. 무지개 그림책방 곁에는 정말 많은 그림책 작가들이 있어요. 그렇지만 무지개 그림책방만이 할 수 있는 형태가 따로 있다고 생각해요. 함께 만들지 않아도 '독자에게 건네는 일'을 함께할 수 있어요. 어떻게 함께할지는 서로 다 다르기 때문에, 작가랑 함께한다고 해도 그림책 만드는 일뿐 아니라 뭔가 다른 협업 형태가 나타날 가능성이 무지개 그림책방에는 있다고 생각해요.

제가 생각하는 '만드는 사람'에는 저자뿐 아니라 발행인, 디자이너, 편집자가 모두 들어가요. 그림책을 만들 때는 팀으로 작업하니까 팀원은 다 함께 만드는 사람이 돼죠. 이렇게 우연히 만난 사람들이 좋아져서 함께 그림책을 만들거나 독자에게 그림책을 건네는 모습이 무지개 그림책방만의 스타일이 됐어요.

그림책 이야기 ③
그림책 모이는 공장 '아야포스 윈'

· · · · ·
작가×작가

> **가게야마** 그림책 작가. 《헬로! 마이 프렌드》가 대표작이다.
> **데라이시 마나** 작가, 아티스트. 《오히사마 북, 해님에게서 도착한 노래》는 구상한 지 12년 뒤에 탄생한 이야기.

거의 순간의 아이디어로 살아가지 않아?

마나 친구 소개로 아야 대표를 처음 만났어. 그 친구가 아야 대표에게는 내가 그린 그림책이 멋지다고 소개하고, 나한테는 정말 멋진 그림책방 주인을 알게 됐으니 꼭 만나보라고 했거든. 어떤 영감에 이끌린 듯 책방으로 찾아간 게 계기였지. 노란색으로 칠한 가게가 무척 예쁘고, 놓여 있는 그림책은 보석처럼 반짝이고, 거기에 아야 대표가 있었어.

가게야마 언제 아야 대표를 처음 만났는지 잘 기억이 안 나네. 그림책을 내고 싶다고 생각한 때, 아야 대표가 하라페코 메가네 작가의 그림책을 만들고 있다고 해서 한번 물어나 보자 하는 생각으로 책방에 갔어. 전에도 인사한 적은 있었지만, 그때 처음으로 제대로 얘기한 듯해.

마나 첫인상은 '귀여워', '지적', '환상적'이었어. 하하하.

가게야마 나는 그림책 출간을 의논하면서 처음 제대로 얘기했으니까, '척척 빠르게'라는 인상이 강했어. "이거 해봐요, 저거 해봐요." 그렇게. 내가 2를 말하면 10을 제안해오는 느낌이었어. 하하하. 속도가 빨라서 엄청난 양이 쿵 하고 와. 에너지가 넘치는 사람이라고 할까. 아이디어를 계속 던지는 느낌이야. 나는 이 당고가 먹고 싶다고 말하는데, 마카롱이든 초코볼이든 둥근 건 다 던져. '아니 그건 아닌데' 하고 당황하는 사이에도 내가 하고 싶은 게 점점 보여.

마나 좋은 의미로 카드 게임 같네.

가게야마 "이것도, 이것도, 이것도!" 이런 식으로 아이디어들이 엄청나게 날아오니까, 결과적으로 나는 당고가 먹고 싶었구나 하고 느끼게 됐지. 마카롱 같은 당고도 좋겠다 싶고. 어쨌든 기묘해. 아야 대표는 신기하고 에너지가 넘쳐. 그리고 감각이 번뜩이지. 거의 순간적인 아이디어로 살아가는 느낌이야.

마나 맞아. 그렇지만 밤에 생각할 시간을 갖고 그 아이디어를 뒷받침하는 일 처리를 보면, 야무지게 제대로 하는 모습이 멋져.

모든 이를 맞이하는 무지개 아야 공항

마나 아야 대표랑 이탈리아와 대만 출장을 함께 갔는데, 사전

루이보스 차

한시름 놓는 시간은 반드시 갖는다.

약속을 잡지 않고 마케팅을 했지. 되는 대로 덤비고 보는 무데 뽀였어. 그래도 모든 사람의 꿈을 짊어지고 열정에 불타올라 떠난 여행이었고, 그때마다 동행한 이들 덕도 있어서 밀라노와 대만에서 조금이나마 마케팅에 성공한 일은 특별한 추억이었어.

가게야마 예고 없이 찾아가는 마케팅은 누가 했어? 가게 정보는 어디서 얻고? 영어는 마나가 했어?

마나 나도 하고, 말할 수 있는 누구든 손짓 발짓 섞어가며 했어. 미리 알아보고 갈 때도 있고, 현지에서 정보를 얻을 때도 있었어. 저기에도 서점이 있다고 안내를 받기도 하고.

가게야마 대단하네. 놀러간 여행이 아니니까 장사나 마케팅 얘기를 해야 할 테고.

마나 내 책은 아야 대표가 얘기해주고, 나는 무지개 그림책방의 오리지널 그림책과 패밀리 그림책을 얘기하는 식이었어. 어느 작품이든 정말 좋은 그림책이어서 아주 많이 아낀다고 설명할 수 있으니까, 외국에서도 그렇게 얘기해.

가게야마 정말 대단해. 작가가 자기 작품을 홍보하는 건 꽤 스트레스잖아. 낯선 사람에게 주관적으로 자기 작품을 권하는 일은 고역이야.

마나 강요하는 느낌을 주고 싶지는 않지.

가게야마 제삼자가 끼어들어서 이 책 좋다고 말하면, 그런가 하는 생각이 들잖아. 그래서 나한테는 무지개 그림책방이 필요해. 외국에서 그런 일을 해내다니, 정말 대단해.

마나 아무튼 현지에서 시도해보고 여러 가지를 느꼈어. 우리 그림책은 두 가지 말로 써 있잖아? 영어로 돼 있으니까 책방에 들여놓을 가능성도 높고, 다른 문화권 사람하고 그림책을 고리로 이어질 수 있다는 사실에 나도 아야 대표도 정말 기뻤어.

가게야마 영어를 넣은 방식이 좋았구나. 서로.

마나 그렇지.

가게야마 글자 수가 늘면 편집도 힘들 테고, 둘 중 하나로 하는 게 좋지 않을까 싶었지. 나한테 아라비아 문자로 된 그림책을 줘도 읽을 수 없으니 말이야. 그나마 영어는 읽어 볼까 하는 생각은 들지.

마나 영어는 사용 범위가 넓어. 전세계 몇 십 퍼센트의 사람이 읽을 수 있으니까. 일본어와 영어 표기 둘 다 있는 게 좋다고 봐. 그림책으로 시도할 수 있는 국경 없는 표현 방식이라고 생각해. 이 방식이 나는 좋더라.

가게야마 무지개 그림책방은 작가에게 고마운 존재야. 작가가 자기 그림책을 내는 데는 한계라고 할까, 자기 스스로 할 수 없는 부분이 있잖아. 그런데 무지개 그림책방이 있으니까 이렇게 내 그림책이 퍼져 나가고, 무지개 그림책방을 통해 다른 커뮤니티의 이벤트 이야기가 들려오기도 해서, 무지개 그림책방은 마치 공항 같은 느낌이 들어.

마나 공항? '아야 포스 원'이 날아오를 듯한?

가게야마 흠, 아닌가?

마나 그냥 날아간 채로 안 돌아오겠지? 하하하.

가게야마 그렇겠네. 날아간 채로.

마나 순발력은 대단하겠네, 아야 포스 원. 그나저나 공항이라고 하니까 좋은데.

가게야마 '밤의 길잡이, 등대, 암중모색. 빛이 있어! 저 공항에 내리자!' 음, 이런 식으로 좀 멋들어지게 말하려고 했는데, 뭔가 둥 떠버렸네.

마나 비유 진짜 좋은데?

가게야마 그래도 결국 마무리가 안 됐잖아, 하하하. 뭐랄까, 아야 공항에 가면 여러 방향으로 날아오르게 해주는 그런 느낌?

마나 그 표현도 아주 멋지네! 무지개 그림책방은 나한테는 둘도 없이 소중한 존재야. 일할 때뿐 아니라 일상생활에서도 밥을 함께 먹거나 자연스럽게 친해진 가족 같은 존재. 나는 애정을 가진 데서 영감을 받는 편이기 때문에, 무지개 그림책방의 모든 것이 영감의 원천이기도 해. 가게에도 그렇고 출판팀에도 창조적인 일을 할 수 있는 여백이 많으니까. 그 점이 독특해서 정말 좋아.

열정이 중요해!

가게야마 아야 대표 하면 리코더 사건이 생생하게 떠올라.
마나 그게 뭐야?
가게야마 무지개 그림책방 걷기 여행에서 내가 무대에 올라 낭독하는 이벤트가 있었어. 사전 협의 때 아야 대표가 노래도 하자고 하더라고, 나는 노래 잘 못하는데 대표는 잘 부르냐고 했더니 못 부른대, 하하하. 그 상태 그대로 이벤트 날이 됐는데 계속 말하는 거야.

"노래 부르고 싶어. 부르자, 불러요."

심지어 리코더도 불겠다는 거야. 리허설 때는 전혀 못 불었지. 그리고 본 무대에 설 차례가 됐어. 노래를 못하는 우리가 열심히 하고 아이들도 함께 부르게 해서 서툰 노래 실력이 드러나지 않게 하기로 했지. 그러고는 '2소절부터 아이들도 함께' 하는 부분이 됐는데, 간주가 계속 이어지는 거야. '이상하네, 뭐지?

애정을 느껴야만 해.

함께 열심히 해요!

뭐지?' 하면서 봤더니 대표가 리코더를 불고 있었어. 왜 거기서 불었냐고 끝난 뒤에 물었더니, 리코더를 불어야 할 부분에서 불지 못해서 라이브 중에 소곤소곤 말했다는 거야.

"미안, 간주를 한 소절 더 늘려."

리코더 소리가 마이크를 통해 제대로 들리면 나도 알아챘을 텐데, 전혀 소리가 안 났거든, 하하하. 나는 애초에 정한 대로 아이들에게 '자 노래하자! 시작!' 하고 노래를 불렀으니 대형 사고였지. 가냘픈 리코더 소리와 아이들의 대합창. 엉망진창이었어. 이 사건은 정말 전설이 됐지. 그때 다시 깨달았어. 아야 대표는 순간적인 아이디어와 열정을 소중히 하는 사람이구나, 하하하.

마나 정말 착하네, 가게야마!

가게야마 착하다기보다 맞춰줄 수밖에 없었어. 하하하. 본 무대에서 새로운 시도를 하는 사람은 보통 없지 않아? 나도 정말 당황해서 거기 있던 아이들에게도 다 말해버렸어. 아이들도 열심히 노래해줬는데 말이지, 하하하. 이 에피소드에는 아야 대표다운 점이 다 들어있어. 자기라면 그 타이밍에 리코더를 불겠어?

마나 내가 하고 싶다고 말한 건 할지도 모르겠네. 리코더를 불고 싶을지는 모르겠지만.

가게야마 게다가 불기 전까지 리코더는 까맣게 잊고 있던 모양이야. 거기부터 '아야 타임'의 시작이지. 이게 모두 진짜 공연 때 일어난 일이야. 하하하. 그래서 이벤트가 끝난 뒤에 주최 쪽에 말했지. "맥 빠진 공연이 됐네요. 죄송합니다." 그러니까 이러는 거야. "오히려 완벽하지 않아서 모두 웃고 어울리며 즐거웠어요." 아야 대표의 행동은 뭐든 좋은 쪽으로 흘러가는구나 하고 다시 한 번 느꼈지.

3
음악으로 함께 만드는 사람

많은 동료들하고 협업하고 있어요.

무지개 그림책방과 음악은 그림책 라이브를 하거나 그림책에 노래를 곁들이는 식으로 인연을 맺어왔어요. 그림책 라이브는 무지개 축제를 연 다음해인 2013년에 처음 시작했어요. 하라주쿠에 자리한 한 카페에서 일하던 친구가 피아니스트인 사가와 후미에를 소개해준 일이 계기가 됐죠. 그 카페에서 처음 그림책

사가와　　　마에다　　　아이

♪ 2015년과 2016년에 이 동료들과 그림책 라이브를 많이 했어요 ♪

라이브를 했는데, 그때 받은 감동은 지금도 잊을 수 없어요.

무척 익숙한 그림책을 프로그램에 넣었는데도 낭독에 음악이 실리는 순간 큰 감동을 받아서, 리허설이 끝나자마자 그림책 작가에게 바로 연락할 정도였어요. 원래 사가와는 피아노를 가르치면서 그림책에 음악을 곁들이는 활동도 하고 있었어요. 그림책과 음악의 협업이라니! 정말 멋진 세계가 펼쳐졌어요. 이 공연을 계기로 '그림책 낭독'이 '그림책 라이브'로 발전했죠. 그때를 시작으로 다양한 뮤지션들하고 협업하는 기회가 생겼어요.

아는 사람 소개로 처음 만나기도 하고, 이벤트에서 말을 걸어주는 뮤지션도 있었어요. 처음에는 어떻게 될지 몰랐지만, 한 번 해보자는 마음으로 시작한 작은 일이 조금씩 구슬 목걸이처럼 이어져서 지금 모습이 됐어요. 저는 음악을 잘 아는 편이 아니었지만, 그림책을 고리로 음악과 만나고, 점차 '그림책×음악'

'더 워스리스(The Worthless)'의 멤버들과 즐거운 라이브

이 하나의 일로 자리매김하고 있어요. 그림책을 주제로 앨범을 내려고 생각하는 중이에요. 제 인생에서 음반을 내고 싶어할 날이 오리라고는 상상도 못했어요.

지금 함께하는 이 일을 어떤 형태든 기록으로 남기고 싶고, 손님들도 '즐거운 무대'를 마음에 담아두면 해서 음반을 제작하기로 했어요. 그림책을 중심으로 음악이 뭘 할 수 있을까. 사람들하고 그때그때 이야기를 나누며 그림책을 체험할 수 있는 최고의 엔터테인먼트를 추구하고 싶어요. 무엇보다 함께할 수 있는 동료가 있어서 참 다행이라고 날이면 날마다 느껴요. 그림책이 있기 때문에 완성할 수 있는 최고의 일이라고 생각합니다.

4
서점을 만나다

무지개 그림책방이 '서점'을 처음 만나는 상황은 대부분 마케팅을 하러 갈 때예요.

"무지개 그림책방이 만든 그림책을 입고해 주세요."

무작정 부딪히기도 하고, 소개를 받아 가기도 해요. 서점을 찾을 때 무지개 그림책방은 '출판사'의 처지입니다. '책방'이라는 처지에서는 같은 출판 동네 후배이기도 하죠. 제가 만난 서점 직원들은 모두 업계의 대선배예요. 그런 대선배들이 무지개 그림책방에 놀러올 때도 있어요. 정말 감사한 일이에요.

2017년에 1층으로 이사할 때는 많은 선배들이 책방 내부 배치에 관해 다양한 충고를 해줬어요. 한 평 반짜리 가게일 때는 모든 그림책을 표지가 보이게 진열해서 고민할 필요가 없었죠. 그렇지만 가게가 일곱 평으로 커지면 모든 책을 전면 책장에 놓지 말고, 꽂아두는 용도로 쓸 일반 책장도 만들어야 한다고 선배가 알려줬어요. 목표 매출액 대비 재고 금액을 생각하면 전면

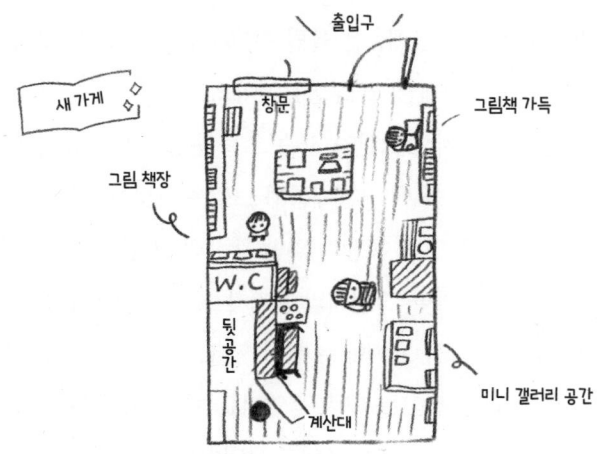

낮은 책장에는 아이들용 책.
일반 책장과 전면 책장의 차이도 알게 됐어요.

책장만으로는 충분한 매출을 올릴 수 없다는 말이었죠. 실제로 1층에 가게를 연 뒤에 이 말을 실감했어요.

도로변으로 옮겨서 그런지 자주 오는 단골손님이 많아졌어요. 그런 고객들이 올 때마다 새롭게 느낄 수 있게 그림책 발주 횟수 등을 고려해 전면 책장과 일반 책장의 균형을 맞추는 일도 중요해졌어요. 물론 그림책의 표지가 보이게 진열하고 싶은 마음이 커요. 그만큼 표지에는 힘이 있죠. 그렇지만 그렇게만 해서는 안 된다는 충고를 많이 들었어요. 책 표지가 보이게 위로 쌓는 진열 방식에 관해서 조언도 들었어요.

지금도 시행착오를 겪으면서 손님의 동선을 생각한 배치를 이리저리 고민하고 있어요. 운 좋게도 서점계의 대선배가 가까이 있어서 여러 노하우를 익히며 책방을 가꾸고 싶어요. 그리고 저는 '출판사'라는 처지에서 그 선배들하고 또 다른 즐거운 관계를 맺을 수 있어요.

무지개 그림책방의 그림책을 입고해주는 서점은 소중한 거래처예요. 그 거래처에 이벤트나 출장 등 '그림책에 관련된 즐거운 일'을 자꾸 제안해서 무지개 그림책방만이 맺을 수 있는 관계를 쌓아가고 있어요.

어느 지방에 가기로 결정하면, 먼저 아는 (거래처) 서점에 바로 연락해요. 인사차 들러 얼굴을 보고, 모처럼 가니까 함께 뭔가 하자고 제안도 합니다. 여러 사정이 겹쳐서 실현하지 못할 때

그림책 작가

저자 사인본 있어요!!

도 있지만, 그림책 낭독이나 메이킹 워크숍, 어른을 위한 토크 이벤트 등 방문하는 지방 서점에서 할 만한 이벤트를 상의하고 함께 준비해요. 서점 직원들을 비롯해 평소에 만날 수 없는 그 서점의 단골손님이나 지역 사람들을 만날 수 있는 기회예요.

서점은 동네 사람이 모두 모일 수 있는 장소예요. 거기서 제가 할 수 있는 일을 함께하면 즐거움이 더 커지는 듯해요. 지방 서점에서 이벤트를 해서 매출이 올라가면 참 기뻐요. 무지개 그림책방의 그림책도 공급하고 있으니, 저희 그림책이 팔리면 그건 그것대로 서로 기쁜 일이죠. 그리고 그곳에서 만난 손님이 도쿄에 와서 무지개 그림책방을 찾아주시면 더더욱 기쁩니다.

여행 왔다가 들렀다거나 출장 왔다가 와봤다는 말을 들으면, 아무리 멀어도 찾아가서 그곳에서만 보낼 수 있는 시간을 적극적으로 만들고 함께 나누고 싶어요.

서점 대 서점 관계라면 이런 기회를 만들기 어려웠을지도 몰라요. 무지개 그림책방은 출판사나 이벤트 기획사로 관계를 맺을 수 있으니 이것보다 더 좋을 수는 없죠.

'내가 이곳 사람들하고 뭘 할 수 있을까?'

늘 이런 생각을 합니다. 이 서점하고 뭔가 하고 싶다는 마음이 가장 큰 목적이기 때문에, 서로 이야기하며 최상의 관계를 맺어갈 수 있어요.

구마모토 자선 이벤트

2016년 9월, 일본 최대 규모의 그림책 통신 판매 사이트 에혼 나비에 견학을 갔어요. 그림책 작가, 그림책 편집자, 카메라 맨이 함께 갔죠. 물류 창고나 제본 공장에 견학 가는 게 정말 좋아요.

"미미가 일하는 에혼 나비에 가보고 싶어."

이 말을 계기로 참가자를 모았고, 곧바로 에혼 나비 대표에게 메일을 보내 허락을 받았어요.

견학을 마친 뒤 술자리에서 일이 벌어졌어요. 투페라 투페라(인기 있는 그림책 작가 그룹 — 옮긴이)의 가메야마 데쓰야 작가가 여름에 구마모토 현 아소에 다녀온 이야기를 했어요. 지난 봄에

에혼 나비 물류 센터를 견학했어요.

큰 지진 피해를 입은 구마모토에서 봉사 활동을 하고 왔는데, 새해가 되면 또 구마모토에 갈 계획이라는 거예요.

그때까지 봉사 활동을 한 적은 없었지만, 가메야마 작가가 하는 이야기를 들으면서 나도 뭔가 할 수 있지 않을까 생각했죠. 그때 한 편집자가 말했어요.

"그림책방이 그림책 공연을 하면 모두 좋아할 거야."

'그래! 나도 할 수 있는 일이 있을 거야.' 그렇게 생각하자마자 그 자리에서 구마모토에 가기로 정하고, 가메야마 작가에게 함께 가고 싶다는 뜻을 전했어요. 그렇게 가메야마 작가를 중

에혼 나비 견학 뒤풀이 모습

심으로 구마모토에서 자선 이벤트를 열기로 하고 기획을 시작했어요. 태어나서 처음으로 규슈에 간다는 의미도 있었어요.

'그림책으로 모두 함께 웃고 싶다'는 마음으로 2017년 1월 '투페라와 무지개와 주먹밥의 화려한 오늘밤'이라는 자선 공연

투페라 투페라의 《곰돌이 팬티》 낭독에 맞춰 공연을 했어요.

을 구마모토에 자리한 나가사키 서점에서 열었어요. 수익금 30만 5000원은 기부하고 도쿄로 돌아왔어요.

1년 뒤인 2018년 1월, 나가사키 서점에서 또다시 자선 이벤트를 열었어요. 이번 주제는 '그림책과 음악회'여서 구마모토에 사는 뮤지션들하고 함께 그림책 공연을 했어요. 소셜 네트워크 등에서 무지개 그림책방을 알게 된 사람들도 참가해 반갑게 인사할 수 있었어요. 그림책을 통해 곳곳에 사는 사람들을 직접 만날 수 있다는 사실이 무엇보다 기뻐요. 멀리 가려면 돈도 들고 시간도 필요하지만, 그래도 직접 만나는 기회를 더 많이 만들고 싶어요.

이벤트를 안내하면 '고베에도 와주세요', '도카이 지방에서도 기다려요', '오카야마에도 오세요'처럼 여러 지역 사람들이 댓글이나 메시지를 보내세요. 그때마다 뭔가 일거리를 만들어서 꼭 가자고 다짐해요. 더욱더 의욕이 솟아요.

무지개 이야기 ⑥
우리 둘의 인연

세토구치 아유미 에혼 나비 점장, 그림책 전문가

무지개 그림책방은 잡지에서 봐서 어느 정도 알고 있었다. 2015년 5월 '센다가야 타운 마켓'에서 우연히 본 그림책 라이브가 재미있어서 더 궁금해졌다. 나중에 무지개 그림책방을 찾아가 이시이 아야 대표를 처음 만났는데, 직원이랑 점심을 함께하자고 선뜻 권하는 모습을 보고 누구하고도 금세 친해지는 다정한 사람이라고 생각했다. 만나기 전에는 책방 주인이라서 다가가기 어렵지 않을까 생각했지만, 만나자마자 이런 선입견은 바로 깨졌다. 그런 아야 대표하고 이런 일이 있었다.

"미미 씨, 나 이제 안 되겠어."

"괜찮을 거야. 늘 그렇잖아."

만날 때마다 하는 대화다. 아야 대표는 정말 자주 '이젠 안 되겠다는 상황'에 빠진다. 내버려두면 대개 잘 극복하니까 일일이 걱정하지는 않는다. 다만 딱 한 번, 그런 나도 괜찮다고 말할 수 없는 일이 있었다.

툭하면 약한 소리를 하지만 기분도 금방 좋아진다.

2016년 여름, 우리는 사이타마 현 한노 시에 자리한 이벤트 장소에서 조난을 당했다. 조난이라고 하니까 좀 호들갑스러운 표현일지도 모르지만, 우리 둘에게는 그야말로 일생일대의 사건이었다. 결론부터 말하면, 이벤트 주요 장소에서 걸어서 10분 정도 걸리는 다른 곳으로 이동하려 했는데, 직원에게 물어물어 찾은 길이 모두 잘못돼 목적지에서 정반대 방향인 산길을 40분 정도 계속 올랐다.

아야 대표는 걷기를 너무 싫어해서 지하철역 계단을 오르는 일조차 질색한다. 그런데 산길이라니 최악이다. 걸어도 걸어도 나무뿐. 완만한 커브를 몇 번이나 돌아서 겨우 사람이 있는 곳에 다다랐나 했더니, 그곳은 이벤트 관계자의 차량 출입구. 절박한 마음으로 거기 있는 직원에게 물었다.

"다른 이벤트 장소로 가고 싶은데, 이 길이 정말 맞나요?"

"모르겠네요."

 단번에 무시당했다. 그러자 기진맥진해서 줄곧 잠자코 있던 아야 대표가 단박에 입을 열었다.

 "이제 곧 시작할 팬터마임을 보고 싶어요! 공연하는 사람하고 가족 같은 관계라고요! 산길을 계속 올라와서 진짜 죽을 지경이에요. 여기로 좀 들어가게 해주면 안 돼요?"

 맞장구칠 틈조차 없을 정도로 빠른 말로, 뭐가 뭔지 모르겠다는 분노를 가득 담아 쏘아붙였다. 압도된 직원은 더는 얽히고 싶지 않다는 듯 산을 더 올라가라고 대충 알려줬고, 우리는 반신반의하며 다시 걷기 시작했다. 조금 더 올라가자 아야 대표의 체력은 한계에 다다랐다.

"미미 씨, 나 히치하이크할래."

그렇게 말하더니 엄지를 세우고 떡하니 버티고 서서 지나가는 차를 기다리기 시작했다. 두 대쯤 지나갔지만 서지는 않았다. 보고 싶은 공연은 앞으로 5분 뒤면 시작이었다, 그만 포기하고 무사히 돌아가기만 빌자고 생각한 순간 웬걸 택시가 달려왔다. 둘이서 마지막 남은 체력을 짜내 필사적으로 손을 흔들어 무사히 탈 수 있었다. 운전기사에게 목적지를 말하자 생뚱맞다는 듯 되물었다.

"왜 이런 데 있어요? 완전히 반대 방향인데."

벌어진 입이 다물어지지 않는다는 말은 이런 상황에서 쓰겠지. 아무튼 덕분에 겨우 살았다. 산에 사는 여우가 낯선 택시 아저씨로 둔갑해서 구해준 게 아닐까, 지금도 우리는 진심으로 이렇게 생각한다. 이래저래 생명의 위험을 벗어난 우리 두 사람은 더욱 인연이 깊어져서 가끔 이런 대화를 나누기도 한다.

"함께 있으면 좋은 일이 생기니까 열심히 살아가자!"
"그래. 함께 있어야 좋아."

5
출판사를 만나다

무지개 그림책방은 '출판사'가 돼 출판사들이 참가하는 이벤트에 어깨를 나란히 할 때도 있지만, '서점'이 돼 출판사에서 직접 그림책을 들여오기도 해요. 그러니까 출판사 처지에서 보면 무지개 그림책방은 동종 업계의 다른 회사이면서 고객이기도 하죠. 희한한 관계지만, 주변 선배들에게 질타와 격려를 받으며 하루하루 배우고 있어요. 운 좋게도 모르는 문제를 바로 물어

볼 수 있는 선배가 주변에 많습니다.

그렇다고 선배에게 들은 충고대로 하지만은 않아요. 여러 의견과 주위 상황을 파악하면서 어떻게 해야 할지 고민하는 시간을 많이 가져요. 저는 출판사에서 일한 경험이 없어서 출판사 업무를 상상할 수는 없지만, 주위에 물어보면 전문 용어나 유통 시스템 등을 배울 수 있어요.

그림책을 제작할 때는 돈이 어떻게 도는지를 이해하기가 가장 어려웠어요. 선배에게 출판 원가 계산법 등을 배우고 나서 그때까지 제가 계획한 가격으로는 사업을 유지할 수 없다는 사실을 깨닫기도 했죠. 돈에 관련해서는 남에게 물어보기 어렵지만, 모르는 게 있으면 물어보라는 말을 들으면 망설이지 않고 물어보며 배우려 하고 있어요.

두 가지 특성을 지닌 무지개 그림책방이라서 이런 관계를 맺을 수 있지 않을까? 이런 점을 잘 살리면 함께할 수 있는 일이 더욱더 많으리라 생각해요.

6
함께 일하는 동료를 만나다

예전에 다니던 회사에서 인사 업무를 한 덕에 '고용'에는 나름 익숙해요. 면접을 하거나, 업무 방식을 상담하거나, 퇴직 절차를 밟거나 하는 모든 과정에 말이죠. 말하자면 중간 관리직이었어요. 제가 면접해서 채용한 사람이 퇴직하면 아쉬워하면서도 사무적으로 처리했어요. 육아 휴직과 실업 급여가 있는 환경을 당연하게 생각했죠.

어릴 때는 아르바이트를 많이 했는데, 고용이 되더라도 조건이 안 맞으면 관두고 다음 근무처를 찾았어요. 제 발로 나가거나 쫓겨나기를 반복하며 살아온 인생이라고 할까요. 그런 제가 무지개 그림책방에서는 '고용하는 사람'이 됐어요. 계속 함께 일하고 싶은 직원이 자기 인생 계획에 맞춰 무지개 그림책방을 졸업하는 상황에 직면하게 됐죠. 적어도 졸업한 직원이 앞으로 맞이할 인생에서 무지개 그림책방에서 일한 경험이 가슴 뿌듯한 일이 되기를 바라고 있어요.

안녕하세요. 무지개 그림책방에 오신 걸 환영합니다.

그런 바람은 그림책방을 만드는 우리가 어떻게 하느냐에 달렸죠. 그 출발점은 동료를 자랑스러워하는 마음이라고 생각해요. 그래서 모든 직원들에게 서로 그렇게 되도록 열심히 일하자고 말합니다.

수지만 겨우 맞추는 데서 벗어나려면

그림책방을 하겠다고 정했을 때 세운 구체적인 목표는 '나를 포함해 그림책 일을 함께하는 모든 사람이 그림책 일로 먹고살 수 있게 한다'였어요. 그때 저는 투잡을 하고 있어서 그림책방에서

는 제 급여를 따로 잡지 않았어요. 게다가 처음부터 아르바이트를 고용한 탓에 이익은 책을 들여오는 비용과 인건비로 사라지고 겨우 수지만 맞추는 상태였어요.

'이렇게 어설프게 하니까 남는 게 없는 거야!'

어느 날 이런 생각이 들었어요. 지금까지 제가 고용한 아르바이트들은 대개 대학생이거나 겹치기 아르바이트의 하나로 그림책방 일을 했어요. 그림책방은 영업 시간이 짧아서 일을 더 하고 싶어도 할 수가 없었죠. 고용하는 저도 일하는 직원들의 상황에 맞춰서 일했어요. 직원들 사정을 다 듣고 나서 할 수 있는 범위에서 일을 부탁하는 식이었죠.

"이 요일 이 시간밖에 할 수 없게 됐어요."

이런 말을 듣고 책방 영업일이나 영업 시간을 바꾼 적이 있을 정도였어요. 직원이 일하기 어려우면 책방을 운영할 수 없다

고 생각했죠.

가게를 1층 도롯가로 이전하면서 이런 식으로 계속해서는 안 되겠다 싶었어요. 출판과 이벤트에 온 힘을 쏟아서 각각 사업으로 자리매김하게 만들려면 파트너가 될 만한 사람을 찾아 일해야겠다고 마음먹었어요.

분업

그림책도 잘 모르고, 작가도 잘 모르고, 서점도 잘 모르고, 출판도 잘 모른 채 책방을 시작한 사실은 지금까지 써온 대로 현실이에요. 그런 저를 차마 그냥 내버려두지 못한 많은 사람들에게 다양한 충고를 들었어요.

"그럴 때는 이런 걸 이용하면 좋아."
"이렇게 하는 게 좀더 좋지 않을까?"
"할 수 없지. 그럼 누구를 소개해 줄게."
"이런 이벤트가 있는데, 함께할래?"

상황 상황마다 늘 주변에 도와주는 사람이 있어서 날마다 감사하고 또 감사하고 있어요. 저는 디자인 소프트웨어 프로그램을 잘 쓰지도 못하고, 사무 능력이 뛰어나지도 않고, 게다가 정리정돈도 잘 못해요. 그런 주제에 누군가에게 뭔가 부탁하거나 제대로 의지하지도 못했어요. 혼자 어떻게든 해보려다가 결국 제대로 못하는 상황에 이르기도 했죠. 막다른 곳에 몰려서 주위에 폐를 끼친 적도 셀 수 없이 많고……. '남에게 기대기=응

석=태만=농땡이'라는 도식이 제 안에 있었죠.

회사원으로 일할 때는 그래도 별 문제가 없었어요. 막상 그림책방을 경영하려고 하자 스스로 모든 일을 하는 데 한계를 느꼈어요. 다양한 사람이 내민 구조선에 올라타게 되면서 남에게 기대도 된다고 점점 긍정적으로 생각하기 시작했어요. 오히려 혼자서는 아무것도 할 수 없다는 사실을 새삼 깨닫게 됐죠. 요즘 들어서는 다짐했어요. '사람마다 그 사람에게 맞는 할 수 있는 일이 있으니, 나는 내가 할 수 있는 일을 하자.'

먼저 자기 힘으로 열심히 해보자는 자세는 중요한 정신이라고 생각해요. 그렇지만 열심히 해도 좋은 결과로 이어지지 않는다면 어쩌다 우연히 잘되더라도 (수준이 높지 않을 테니) 자기만족에 그치게 돼요. 실패하면 주위에 폐를 끼치게 되고요.

내 모자란 능력과 한정된 시간을 어떻게 쓸까. 누구를 알맞은 곳에서 움직이게 할까. 이런 판단을 하는 사람은 바로 저예요. 일이 잘 돌아가게 하는 요령이 드디어 보이기 시작했어요. 언젠가는 제가 더욱더 의지할 수 있는 사람이 돼서, 모든 사람의 행복을 실현하는 데 도움이 되고 싶어요.

7
사람을 만나다

저는 가본 적 없는 곳에 가는 일을 좋아해요. 제가 모르는 뭔가 즐거운 사건이 있을지도 모르기 때문이죠. 특히 지금이 아니면 다시는 없을 듯한 초대에는 되도록 응하려 합니다. 이를테면 출장 간 곳에서 밤 11시 반 무렵에 근처에 왔으니 나오라는 연락을 받은 적이 있어요. 피곤한 데다 너무 늦어서 어쩌지 싶으면서도, 다시 오기는 힘든 지역이니 무리가 되더라도 가볼까 하며 나섰어요. 그 자리에서 처음 만난 사람이 우연히 아는 사람의 아는 사람이었어요. 게다가 또 다른 사람하고 연결돼서 나중에 함께 일하게 됐죠.

직감을 믿고 밖으로 나가면, 평소에는 그냥 지나칠 만남이 기다리고 있어요. 깜짝 놀랄 정도로 인연의 연속이에요. '때마침'과 '우연히'로 하루하루가 채워진다고 해도 지나치지 않을 정도예요. 다만 같은 시간과 같은 장소에 머물러도 그냥 스쳐가는 사람도 있어요. 그런 때는 이 '때마침'과 '우연히'가 일어나지

않은 셈이죠.

그런 관점에서 눈을 또렷이 뜨고 주위를 살피면, 저하고 만나는 사람은 '때마침'도 '우연히'도 대개 같은 확률로 가까운 곳에서 느끼는 듯해요. 이런 점을 염두에 두고 늘 '때마침', '우연히' 다양한 사람을 만나려 하고 있어요.

'무엇을 할까'보다는 '누구하고 할까'

저는 언제나 '이것을 하고 싶다'가 아니라 '당신이랑 하고 싶다'고 생각합니다. '이 사람하고 함께 나는 뭘 할 수 있을까? 도움이 될 수 있을까?'를 늘 고민해요. 대단한 재주도 없는데 왜 이러는 걸까 곰곰이 따져봤어요. 그러자 '나는 잘하는 게 없어, 특기도 없어. 그러니 할 수 있는 걸 찾아보자'는 결론에 이른다는 점

을 깨달았어요. 물리적으로 할 수 있는 일이 많지는 않지만, '함께 뭘 할 수 있을까' 하는 생각을 하면 할 만한 일이 꽤 있어요.

자격이나 기술이 필요한 일은 할 수 없지만요. 악기 연주도 못하고 신체 능력도 평균 이하여서 범위가 많이 제한되지만, '내가 할 수 있는 일은 일단 해보자!' 하면서 날마다 아이디어를 냅니다. 그렇게 해서 새로운 발견을 할 수 있어요.

멋진 만남이 있어요.
큰 깨달음이 있어요.

이렇게 되뇌면서 행동해요. 실패와 반성을 거듭하지만, 상대방을 잃지만 않으면 돌이킬 수 없는 지경으로 잘못되지는 않는다고 생각해요. 경험에서 배우는 일은 소중하지만, 그렇다고 경험을 지나치게 엄격한 기준으로 삼지 않으려 해요. 전례를 참고하면 분명 크게 실패할 일은 없겠죠.

저도 사람이니까 구멍이 있으면 안 떨어지려 한다든가, 뜨거운 물건을 만지면 화상을 입는다 같은 사실은 제대로 배워가며 살아요. 그렇지만 '한 적이 없다'는 이유로 행동하지 않는 태도는 되도록 피하려고 해요. 그렇다고 아는 척하기는 싫기 때문에 경험이 없다는 사실을 미리 알려요.

"해본 적은 없지만 해볼게요."

그래서 그런지 몰라도 무지개 그림책방 주위에는 정말 다양한 사람이 많다는 사실에 날마다 감사하고 있어요. 그림책을 고리로 각양각색의 사람들을 만나 즐거운 일을 공유하고 싶어요. 분명 눈앞에 있는 이 사람은 마음을 나누면 설레는 일이 생길 가능성을 품고 있다고 여깁니다. 이 사람하고 뭔가 하고 싶다! 그 뭔가가 뭘까요. 그래서 지금, 당신하고 무엇을 할 수 있을지 늘 생각해요.

그림책 이야기 ④
무지개 그림책방의 일
· · · · ·
전 점장×현 점장

> **전 점장(모로타 유키)** 2016년 6월부터 2017년 2월까지 간호대학교 시험을 준비하느라 학원을 다니면서 점장으로 근무.
> **현 점장(노이 가오리)** 시마네 현 출신. 이벤트에서 알게 돼 두 번째 점장으로 스카우트되다. 2017년 6월부터 점장으로 근무.

좁지만 느긋하게 있을 수 있는 가게

현 점장 이사하고 나서 책방이 넓어지기는 했는데, 예전 가게는 정말 좁아서 뭔가 아이디어가 필요했죠?

전 점장 찾아온 손님들이 모두 놀랄 정도였어. 어른 고객은 두 명이 한계였지. 게다가 내가 있으면 꽉 차서 서로 거리가 너무 가까웠어. 일단 손님이 느긋하게 머물 수 있는 공간을 만들어야 한다고 생각해서 계산대를 가게 밖으로 뺐지. 낮에는 소아과에 오는 아이들이 의자에 앉을 수 있게 하고, 때로는 그림책을 읽어주기도 하고, 저녁에는 조명을 어둡게 해서 어른을 위한 공간으로 꾸미기도 하고……. 그때는 책을 그렇게 자주 들이지 않았어. 손님이 처음 눈길을 주는 곳에 놓는 책을 날마다 바꾸거나

여러 서점의 장점을 참고했지. 그림책방 자체가 눈에 잘 안 띄어서 이런 데 서점이 있다고 놀라는 손님이 대부분이었어.

현 점장 마케팅 업무도 적었죠?

전 점장 같은 층에 있는 가게가 쉬는 날에 맞춰서 수요일과 목요일에 쉬었고, 주말에는 이벤트에 나가느라 임시 휴업을 하기도 했지. 영업 시간은 평일이 오후 1시에서 7시까지, 토요일은 10시부터 6시까지. 아이를 데려오는 엄마들은 오전에 움직이기 쉬울 텐데, 손님들을 정확히 파악하고 대상을 좁혀서 운영하지 못한 느낌은 들어. 여러 가지 모색을 하면서 운영했는데, 놀랄 정도로 조그마한 가게가 나름 인기는 있었지. 어떤 손님은 비밀기지 같다고 하기도 했고, 나도 정말 멋지다고 생각했어. 어쨌든 다양한 사람이 왔고, 다른 여러 업계 사람들하고 이어졌으니까. 거기서 알게 된 사람하고 지금도 계속 만나고 있고. 그 자리는 무지개 그림책방의 원점으로 남기고 싶을 정도야.

현 점장 그랬군요. 지금 가게에도 작가들이 자주 오기 때문에 감탄할 때가 많아요. 저는 요즘 어린 아이가 읽는 그림책은 되도록 낮은 책장에 둬서 스스로 꺼내 읽게 배치하는 데 신경 쓰고 있어요. 그리고 한가운데에 책상이 있는데, 유모차나 휠체어를 탄 손님도 들어오기 쉽게 통로를 좀더 넓히기도 하고요. 손님이 천천히 둘러보기를 바라서 의자에 앉게 하거나 짐을 놓을 수 있게 하거나, 느긋하게 있을 수 있게 하려고 해요.

전 점장 느긋하게 보면 어떨까 하는 생각이 들지.

현 점장 시간이 없는 손님은 또 그런 손님대로 이런 책을 찾고 있다고 말하기 쉽게 대응하고요.

전 점장 살 책을 정하고 오는 사람도 있지만, 훌쩍 들어온 손님은 천천히 둘러보면 좋겠지.

사람과 사람을 이어주는 그림책

전 점장 이사해서 넓어졌지만, 노란색 벽은 그대로 있더라. 책장도. 남겨진 그 책장이 그림책 작가의 그림 책장으로 이어져서 감격했어. 지금 가게는 좁지도 않고 넓지도 않고 딱 좋은 크기여서 낭독 이벤트나 개인전도 할 수 있고. 도로변 가게라는 게 큰 장점이야. 정말 좋은 점포가 알맞은 때에 나와서 다행이었어. 아야 대표는 운을 자기편으로 만드는구나, 운을 몽땅 끌어당기는구나 생각했어. 예전 가게도 그렇고 지금 가게도 말이야.

현 점장 무슨 뜻이에요?

전 점장 예전 가게를 닫기로 하고 새 점포를 찾았지만 마땅한 곳이 없었거든. "어쩌지? 이제 책방 못하겠네"라고 포기하려는데 아야 대표가 아는 사람이 갑자기 나타나서 자기 가게에서 책방을 하지 않겠냐는 거야.

현 점장 우와 대단하네요.

전 점장 정말 마땅한 물건을 전혀 못 찾았거든. 아파트에 만든 책방 사무실에 서점을 내야 하나 고민하던 중에 나온 얘기였으니까, 그 강한 운발에 정말 놀랐어. 앞으로 무지개 그림책방은 틀림없이 괜찮겠다고 확신했지.

현 점장 지금 책방은 오는 사람들이 모두 예쁘다고 말해서 저도 아주 기뻐요.

전 점장 책방에서 일한 지 반년 정도 되는데, 해보니까 어때?

현 점장 손님들하고 얘기하는 게 재미있어요. 음악 공연이나 원화전 같은 이벤트도 즐겁고 참 좋아요. 그림책 워크숍을 좀더 늘리고 싶기도 하고요.

전 점장 기획하는 일을 좋아하나 봐?

현 점장 네. 할 일이 느니까 일상 업무를 못해서 아쉽지만, 즐거움을 놓치기도 싫으니까요.

전 점장 좋아하는 거네. 나는 이벤트가 엄청 힘들다고 생각했어. 그림책방인지 이벤트 회사인지 모를 정도로 이벤트가 많지? 무지개 그림책방은 그냥 그림책방이 아니야. '사람과 사람'이라든지 '사람과 뭔가'를 이어주는 도구로 그림책이 있는데, 입구가 꽤 넓어. 그림책으로 들어오지 않더라도 결국 그림책에 다다르게 되는 느낌이야. 음식으로 들어왔는데 그림책으로 이어진다든지, 반대로 그림책에 끌려서 들어왔는데 음악 이벤트에 가게 된다든지.

현 점장 다양한 취향이 그림책으로 이어져서 좋아요.

전 점장 아야 대표는 어쩌다 보니 그림책 일을 하게 됐지. 좋은 의미로 '그림책 애착'이 없다고 할까, 아무튼 가벼워. 하하하. 그림책에 관해 진지하지 않다고 할까. 그림책방이니까 그림책을 정말 좋아하고 그림책을 잘 알 듯한, 그런 가게가 아니야. 그래서 그림책은 잘 모르지만 재미있어 보여서 왔다는 손님도 많아. 보통은 그림책 하면 아이들 책이라고 여기지만 무지개 그림책방은 특별히 아이들을 대상으로 하지도 않지. 어른이든 아이든, 남성이든 여성이든, 그림책에 흥미가 있든 없든, 일단 즐거운 일을 하니까 괜찮으면 와보세요 하는 느낌이야. 그런 가벼움이 정말 좋아.

30분 뒤에 회의야!

힘든 일은 아야 대표 관리?

전 점장 무지개 그림책방은 정말 바쁘지. '아야 대표는 어쩌려고 이런 일을 가져왔지?' 하고 생각할 때도 있어. 여러 방향에서 다양한 일을 끌어오니까.
현 점장 맞아요. 언제나 놀라요!
전 점장 스케줄 관리가 정말 어려워. 이벤트가 너무 많아서.
현 점장 거의 이벤트 사업이에요. 무엇을 하든 어디에 가든 이벤트처럼 돼버려서.
전 점장 그러니까 하루하루 놀라움과 기적과 해프닝과 기상천외 같잖아. 하하하. 자극이 가득하고. 그런데 재미있어. 자유로우니까 하고 싶은 일은 뭐든 하게 해주고. 우리 스스로 뭔가를 만들거나 기획하기도 쉽지. 모두 함께 생각해서 키워가는 느낌이지. 분명 아야 대표가 가볍게 움직이기 때문일 거야. 그러니 결국 그림책방에서 가장 힘든 업무는 아야 대표 스케줄 관리가 아닐까. 메모를 쉽게 잃어버리니까 중요한 서류를 관리하기도 힘들고. 하하하.

현 점장 처음에는 내가 확실히 관리해야지 하고 의욕 만만이었지만, 너무 일이 많아서 관리가 다 안 되더라고요.

전 점장 아야 대표 스케줄이 너무 빡빡해서 잠이 부족하지 않을까 걱정이야.

현 점장 맞아요. 스케줄이 너무 많아서 보는 저도 눈이 돌아가는데, 당사자는 어떨지 걱정이에요. 쓰러지지 않을까 싶고.

전 점장 가끔 살아 있는지 확인 전화를 하고 싶어져. 괜찮은지 묻는 생존 확인 말이야. 그러다 소셜 네트워크를 보고 무사하구나 하고 안심하지. 하하하.

현 점장 그렇죠, 늘 '괜찮아, 어떻게든 돼' 하고 말하고, 또 정말 어떻게든 되니까요.

전 점장 늘 커다란 짐을 갖고 여기저기 돌아다니니까, 이제는 운전기사 겸 매니저가 필요할지도 몰라. 어떻게 보면 아야 대표는 천재야.

현 점장 어마어마한 천재죠. 대단해요. 그냥 대단하다고 할 수밖에 없어요. 모든 면에서.

전 점장 주위에 꿈과 희망을 주는 사람이기도 해. 아, 이런 사

아야 대표는 분명 어딘가에서
마법을 쓰고 있지 않을까.

람도 할 수 있구나 하는 식이지. 이렇게 어수선해도 사장이 되는구나, 이런 가벼운 느낌으로 매사를 정해도 되는구나, 그다지 진지하게 인생을 생각하지 않아도 되는구나, '한번 해볼까' 정도로 되는구나, 아무 근거도 없이 움직이는구나 등등. 뭐랄까 자신은 없지만 일단 해보고 나서 생각하는, '어떻게든 되겠지' 정신. 거기서 희망을 느껴.

현 점장 《이상한 나라의 앨리스》의 토끼처럼.

전 점장 저 토끼는 어디를 가고 있나 싶지만, 목표가 확실히 있어서 그곳을 향해 오로지 달리는 느낌이랄까. 정말 천재라고 할 수밖에 없어. 직감을 믿고 살아가는.

현 점장 직감의 여자예요. 운도 엄청 세고.

전 점장 아야 대표 머릿속에 있는 직감 부분을 펼쳐서 보고 싶어. 뭔가 신기한, 열심히 움직이는 직감의 곤충을 키우고 있을지도 몰라. 정말 우리 아야 대표는 직감뿐이니까.

1
그림책 일

'그림책'을 만난 지 7년이 지났습니다. 평범한 회사원이 그림책을 만나고 나서 세계가 달라졌어요. 어릴 때 그림책을 보고 자랐으니, 업무 파트너로 재회했다고 하는 쪽이 좋을지도 모르겠네요. 그림책 일을 하면서 만난 사람과 그림책을 계기로 들른 장소가 무척 많아요. 그렇게 생각하면 그림책은 정말 대단하고 감사하며 존경스러운 존재예요.

몇 번 언론 등에서 취재하러 와서 그림책에 관해, 무지개 그림책방에 관해, 출판에 관해 이야기하는 동안, 제 안에서 막연하기만 하던 '그림책의 매력'이 확고한 형태로 떠올랐어요. 생각지도 못하게 질문을 받자 당연히 여기던 부분이 윤곽을 드러내기 시작했죠.

좀더 말로 드러내지 않으면 분주함 속에 휩쓸려 사라질지도 몰라요. 제게 그림책은 이 순간을 함께 살아가는 '단짝'이에요. 다른 이에게 뭔가를 전할 때나 소통하고 싶을 때 꼭 있어야 하

고, 곁에 두면 행복해지는 소중한 존재죠.

투잡의 전환기

일반 기업이 정한 취업 규칙을 보면 대개 부업이 금지돼 있어요. 요즘은 부업을 인정하는 기업도 있지만요. 거래처 담당자가 회사에 부업을 한다고 밝히고 난 뒤 투잡을 인정받은 이야기를 듣기도 했어요. 기술이 있는 디자이너나 엔지니어 등이 그렇게 일하는 듯해요.

본업은 '고용돼 있다', '사회보험이 보장된다', '주당 노동시간

의 비율이 많다' 등으로 정의하면 무난하지 않을까 싶어요. 부업을 할 때는 대개 '본업에 지장을 주지 않는다'를 전제로 하죠. 부업을 지나치게 열심히 하면 무리하는 부분이 꽤 생기는 듯해요.

저는 5년 정도 투잡 생활을 했어요. 스물네 살부터 일한 회사에 계속 다니면서 그림책방을 시작했죠. 상사나 동료, 부하 직원에게 폐를 끼치지 않으려 신경쓰면서 투잡을 한 지 5년이 된 때, 이대로 계속하다가는 만신창이가 되고 말겠다는 위기감을 느꼈어요. 그림책방 일을 본업으로 바꿨죠. 2016년 일이에요.

부업을 하는 사람 중에 저처럼 느끼는 사람이 또 있을 거예요. '언젠가 부업에서 얻는 수입이 본업을 앞지르면 부업을 본업으로 삼자.' 대개 '생활'과 '수입'을 위해 튼튼한 직장을 다니고, 부업은 '하고 싶은 일'을 하죠. 주로 평일에는 본업을 하고,

주말과 휴일에 '하고 싶은 일'인 부업을 합니다.

근무 시간은 본업.
개인 시간은 부업.

순조롭게 수입이 역전되면 본업에서 당당하게 졸업하고 부업을 중심으로 바꾸는 사람도 있죠. 저는 그림책을 출판한 2012년 무렵부터 이런 목표를 의식하기 시작했어요. 재고를 1000권 가지고 출판 사업에 발을 들였으니, 어떻게든 제대로 된 사업으로 꾸려가야 한다고 생각했죠. 막연한 목표만 있을

뿐 '자금 운용', '사업 계획', '출판 계획' 등은 전혀 없는 상황이었어요. 지금 돌이켜보니 그대로 지속했으면 본업에서 얻는 수입을 결코 따라잡지 못했겠구나 싶어요.

출판 불황이니 서점 폐업이니 하는 상황에서 책방을 시작한 만큼, 주위에서는 '할 수 있는 정도까지만 하겠지' 하고 여긴 듯했어요. 그림책방이 실패해도 급여를 받는 직장이 있으니까 저를 포함해서 아무도 위기감을 느끼지 않았죠. 열심히 했지만 쉬는 날이 없어서 힘에 부친다고 느끼기 시작한 무렵, 주위에서 이런 말들을 했어요.

"요즘 같은 때 좋은 일 하네. 힘들겠지만 조금만 더 힘을 내."
"관련 업계가 불황이라고 하니 더 가능성이 있을지도 몰라."
"여기까지 왔는데 계속하면 좋겠어!"

응원하는 말들에 용기를 가득 얻고 힘내자고 다짐했죠. 그렇지만 이 상태는 곤란했어요. 그림책방을 접을 정도로 실패하지는 않았지만 본업을 그만둬도 될 정도는 아닌, 이도저도 아닌 상황이 정말 힘들었어요.

2
'일'의 가격?

"무슨 일을 하시나요?"

이런 질문을 자주 받아요. 출판 관련 일이라고 답하면 질문이 돌아오죠.

"출판사 직원인가요?"

그림책을 팔거나 만든다고 답하면 또 질문이 돌아와요.

"그림책 작가세요?"

상황이 까다로워지죠. 얼마 전 어떤 사람이 물었어요.

"네가 일하는 대가를 제대로 받고 있는 거야?"

그 사람 말에 따르면 일을 맡아 사람을 배치하고, 현장 감독을 하고, 판매(유통)까지 책임지는 '부킹 에이전트 booking agent'가 최근에 생겼다고 하더군요. 책을 만들어 판매한 수익이나 이벤트 비용뿐 아니라 제가 노동한 대가에 해당하는 돈을 제대로 계산해야 한다고 조언했어요. 그러고 보니 지금까지 그런 문제는 전혀 고려하지 않았어요.

 이제까지는 '내가 움직이면 돈이 안 든다'는 생각이 밑바닥에 깔려 있었어요. 제가 직접 하니까 좋고, 경비도 줄고, 작가나 기술직이 아닌 만큼 노동의 대가를 받아야 한다는 감각이 전혀 없었죠. 그렇지만 무지개 그림책방을 주식회사로 전환하고 동료를 고용했으니, 스스로 뭔가를 조직하는 일도 일종의 기술이라고 여기기로 했어요.

 '내가 움직이면 무료'라는 생각은 매우 위험해요. 아무리 작아도 회사라는 조직을 운영하는 한 내 노동의 가치를 인정받을 수 있게 책임을 다하자고 굳게 마음먹었어요.

3
임기응변과 사후 조정

저는 언제나 직감에 의존해 행동했어요. '이 사람과 함께하면 틀림없이 즐거울 거야'라든지 '힘들지만 지금 가보는 편이 좋아!'라든지. 근거를 물으면 대답할 수 없지만, 제 직감을 믿고 움직이고 있어요. 이 직감이 늘 맞으면 좋을 텐데, 틀릴 때도 있어요. 그럴 때를 대비한 좌우명이 '임기응변'이에요. 요즘에는 거기에 '사후 조정'도 추가했어요.

"일을 벌이는 건 어쩔 수 없어. 나중에 조정하면 돼!"

나중에 조정이 안 될 때도 있겠지만, 그러면 무리를 하더라도 조정할 수밖에 없다고 생각해요. 이러면 어떨지 저러면 어떨지 시간을 들여 고민하기보다는 일단 해보자는 자세가 중요해요. 미리 고민할 시간이 없기도 하지만, 직감으로 행동해서 뭔가 잘 안 풀리더라도 나중에 조정하면 돼요. 잘 모른다는 이유로 그만두면 너무 아까워요. 흥미가 있고 직감이 작용하면 일단 움직여서 만나러 가야 한다고 생각해요.

 그런 방식으로 행동했는데 결과가 안 좋았다고 해서 실패라고 여기지는 않아요. 가끔 비위를 맞추는 상대방이 하는 말을 듣고 '사기라도 당하면 어쩌지' 걱정할 때도 있지만, 사기를 당할 정도로 돈도 없고 빼앗길 염려도 없으니 괜찮다고 여겨요.
 다만 지켜야 할 게 있으니까 신중해야 할 문제는 신중하게 행동합니다. '나를 둘러싼 환경 그 자체'를 지켜야 하거든요. 무지개 그림책방의 스태프를 비롯한 동료들, 함께 활동하는 작가들을 포함해 정말 소중한 사람들을 지켜야 해요. 제 말과 행동

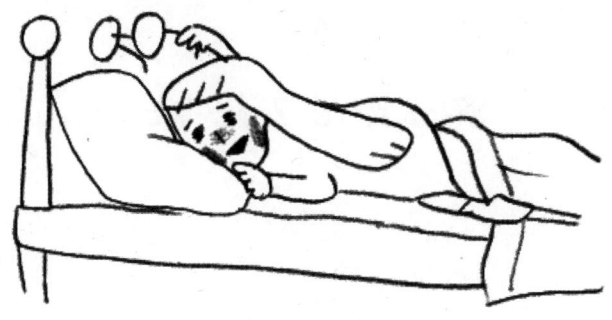

너무 많이 마셨다. 흠냐. 가끔 과음해서 미안.

으로 주위의 귀중한 사람이 창피를 당하거나 불명예스러운 일을 겪지 않도록 언제나 신경을 쓰고 있어요.

4
생각은 있지만 고집은 없는

어쩌다 보니 이 일을 시작하게 됐어요. 그림책을 정말 좋아한 사람도 아니고, 그림책방이 꿈인 사람도 아니었어요. 서점이 오랜 꿈이었다면, 틀림없이 제 취향으로 가게를 가득 채우지 주위에 의견을 묻지도 않았겠죠. 지금처럼 주위에서 질타와 격려를 해주지도 않았을 테고요.

그림책을 전혀 모르는 상태에서 시작한 처지라서 모든 사람이 여러 가지로 돌봐준다고 생각해요. 다양한 제안과 충고를 해

줘서 정말 기쁘고 감사해요.

그림책 작가의 그림 책장도 소셜 네트워크로 퍼트리면 홍보가 된다고 작가가 제안하자 모두 홍보를 해줬어요. 많은 사람이 준 도움으로, 사람과 사람의 인연으로 책장 하나가 채워진다는 사실이 정말 가슴 벅찹니다.

세계관을 지키는 일

그림책방을 시작한 지 7년, 이벤트를 개최하거나 참가하고 책을 출판하는 등 언제나 처음인 일투성이예요. 날마다 시행착오와 허둥지둥의 연속이에요. 회사원일 때는 눈앞의 일상적인 업무를 덤덤히 하면 됐는데, 하나부터 열까지 너무 다른 하루하루가 이어졌어요. 지금은 제 결정으로 모든 게 없던 일이 될 수도 있고 지속될 수도 있어요. 회사원일 때하고 대표일 때가 가장

다른 점은 모든 책임이 제게 있다는 현실이에요. 예전에도 책임은 있었지만 제한됐죠.

지금은 그림책방을 운영하고, 그림책을 만들어 팔고, 이벤트를 하는 모든 일이 저 하기 나름입니다. 타협하거나 생각이 이리저리 흔들리면 할 수 없는 일이 너무 많아요. 그렇기 때문에 '내가 결정하는 기준'을 만들어야 해요.

회사의 영업 방침, 직원이 일하는 지침, 상품을 만들 때 적용하는 브랜딩 기준이 필요해졌죠. 이제껏 감각으로 하던 일을 얼마나 제대로 '전달'하는지가 중요하다는 데 겨우 눈을 떴어요. 기준을 완성하더라도 그 기준을 남에게 전달할 수 없다면, 세계관은 지킬 수 없겠죠. 이 점을 깨닫는 데 시간이 조금 걸렸어요.

고집이 강한 편은 아니지만, 그림책에 관해서는 제 안에 절대로 꺾이지 않는 뭔가가 있는 듯해요. 그 세계관을 지키기 위한 타협이라면 받아들일 수 있을지도 몰라요. 그 세계관이 뭔지 말로 설명하기는 어렵지만, 결국은 내가 '좋다'고 느끼는 뭔가를 완성해가는 듯해요. 그리고 '좋다'고 느끼는 이유는 좋아하는 사람들하고 함께하기 때문이라고 이제는 확실히 말할 수 있어요.

5
그림책방의 색

무지개 그림책방을 대표하는 색은 노란색이에요. 가게 벽을 칠할 색깔을 정할 때 한정된 색상에서 하나씩 제외하다가 마지막으로 남은 색이 노란색이었어요. 그때부터 팸플릿이나 명함 등을 만들 때도 노란색을 썼는데, 에너지가 넘치는 색이고 눈에 잘 띄어서 정말 마음에 들어요.

그러던 어느 날, 이벤트에서 부스를 장식하려고 가게 깃발을 가져갔는데, 뜻밖에 눈에 잘 띄지 않았어요. 어쩌지 하고 고민하다가 아예 생각을 바꿨죠.

내가 눈에 띄자! 그 뒤로 노란색 정장을 유니폼처럼 자주 입었어요. 그러자 넓은 이벤트 현장에 있어도 사람들이 저를 잘 알아봤어요. 무지개 그림책방을 열기 전의 저라면 도저히 입지 못할 옷이에요.

빨간색이나 까만색을 입을 때도 있는데, 머리부터 발끝까지 까만색 옷을 입고 있으면 마녀처럼 보이는지 꼬마들이 조금 무

서워해요. 그림책방 주인이 아이들에게 무섭게 보여도 될까 싶지만, 이런 점이 바로 무지개 그림책방의 스타일이라고 생각해요.

6
무지개 그림책방의 사무실

한 평 반에서 시작한 무지개 그림책방은 너무 좁아서 전표를 펼치는 일 같은 사무 작업을 할 공간이 없었어요. 오리지널 그림책을 출판하게 되자 재고 도서를 놓을 공간이 더더욱 절실했죠. 그림책 한 종당 평균 1000부를 찍기 때문에, 책을 보관할 장소가 꼭 필요했어요.

어디 좋은 데 없을까? 2015년 겨울이었어요. 여기저기 찾아다니다가 그때 가게에서 걸어서 3분 걸리는, 지은 지 50년 된 2층 아파트를 우연히 발견했어요. 건물은 무척 낡았지만 서점에서 가까워 매력적이었죠.

곧바로 부동산을 거쳐 집주인에게 연락했어요. 아파트가 오래돼서 1년 뒤에는 부술 예정이고 그래도 괜찮다면 써도 좋다는 답을 들었어요. 그래서 부수기 전까지만 쓰기로 하고 입주했어요. 방이 네 개인 넓은 집이라 사무실 겸 주거용으로 쓸 수 있겠다고 직감했죠. 운명이라고 느끼고 바로 계약했어요.

 집안 내부도 정말 낡아서 어느 정도 수리를 해야 했어요. 부동산에 상담해서 싱크대 등 전문가에게 부탁해야 할 일은 맡기고, 나머지는 돈을 들이지 않고 직접 고치기로 했어요. 벽지나 창호, 선반 등은 직원과 함께 칠하거나 달았죠. 그림책 작가, 뮤지션, 전직 직원 등이 모두 도와줘서 계약한 지 한 달 반 뒤에 드디어 입주할 수 있었어요. 낡아서 겨울에는 너무 춥지만, 애착이 가는 아파트예요.

 스태프나 작가 등이 언제든 자유롭게 드나들고, 먼 곳에서 온 그림책방 동료들이 묵기도 해요. 무지개 그림책방의 사무실은 다 함께 가꾸면서 시간을 공유하는 소중한 장소가 됐어요. 입주하고 1년 뒤에는 주변에 빈집만 남아서 그림책 창고용으로 쓸 집을 하나 더 빌렸어요. 언젠가 부순다면 정말 아쉬울, 통째로 사고 싶은 마음이 드는 낡고 낡은 아파트예요.

7
레인보우 가든

그림책방 사무실 주변에는 작은 정원이 있어요. 처음에는 잡초만 가득한 화단이었는데, 데라이시 마나 작가가 어느 날 채소가 어느 정도 있으면 배를 곯지는 않는다면서 계절 채소와 꽃을 심어 화원을 만들었어요.

'레인보우 가든'이라고 이름 붙인 화원에는 얼마 있자 민트나 로즈마리 같은 허브가 쑥쑥 자랐어요. 여름에는 오이와 방

울토마토 같은 채소가 차례로 열매를 맺어서 밥상을 풍성하게 장식해 주었어요. 어느새 '레인보우 가든'은 먹을 수 있는 꽃과 식물로 가득한 식용 정원이 됐어요. 무농약 채소니까 더 안심이죠. 지금까지 마흔 다섯 종의 갖가지 식물을 다 함께 길렀어요. 일곱 무지개 색이 되도록 꽃을 심은 적도 있어요. 그 모습은 데라이시 마나 작가가 그림책방 홈페이지의 칼럼 코너에 소개했죠.

 데라이시 작가는 그림책을 그리려고 남아메리카의 숲속에서 자급자족한 적이 있어요. 그때 대지는 지상에 열리는 모든 것을 무상으로 나눠주는 존재라는 사실을 깨달았다고 해요. 그런 자연의 은혜를 도시형 텃밭이나 생태 마을로 이어가자고 생각했죠. 그래서 이 정원에서 기른 작물은 근처에 사는 동료나 이웃하고 공유해요. 누구든지 자유롭게 수확할 수도 있답니다.

무지개 이야기 ⑦
가슴 두근거리게 하는 아야 대표
·····
고마다 마코토 시부야 비즈니스 교실 대표, 경영 컨설턴트

업무 때문에 많은 창업가를 만났다. 그중에서 아야 대표의 '행동력'은 으뜸이다. 그야말로 생각하기 전에 움직인다. 창업하기 전에도 그랬지만, 책방을 시작하고 나서는 더욱 그렇다. 창업할 때 내가 알려준 내용은 어쨌든 돈을 벌라는 말이었다.

아야 대표는 사람을 무척 좋아하고, 가슴 설레는 일을 추구하고, 부탁받으면 거절하지 못한다. 인간으로서 매우 좋은 점이지만 거기에 얽매이면 돈을 벌 수 없다고, 좋은 일을 지속하려면 일단 스스로 확실하게 먹고살아야 한다고, 창업 선배로서 줄곧 강조했다. 아야 대표는 이 충고를 그대로 받아들여서, 벤처 사장에게 필요한 '냉정함'을 지니게 됐다.

무척 성장했다고 생각한다. 정말 하루하루 열심히 하고 있다. 그러나 그 하루하루 중에는 함께 일하는 동료하고 의견이 맞지 않을 때도 생길 수 있다. 아야 대표에게도 괴로운 일이 생길 수 있다.

    누구든 사장이 되면 눈에 보이는 풍경이 바뀐다. 스스로 모든 것을 지켜야 하기 때문이다. 고객 한 사람 한 사람의 소중함을 알게 되고, 모든 책임이 어깨를 무겁게 짓누른다. 즐거움만 있을 수 없다. 기업 자체의 신뢰도 쌓아야 한다. 당연히 동료에게 요구하는 사항이 자연스레 많아진다. 모두 함께 꿈을 이루려는 생각에서 벌이지는 일이다. 그렇지만 때로는 동료들이 예상하지 못한 반응을 할 때가 있다.

"회사 만들더니 변했네."

"예전에는 더 즐겁게 일했는데."

    동료를 가장 소중히 여기는 아야 대표는 동료를 생각해서 필사적으로 노력하는데, 정작 동료에게는 이런 마음이 전해지지 않는다. 모두 함께 일하는 곳을 변함없이 유지하려 하지만 동료는 알아주지 않는다. 정말 슬프고 힘든 순간이다. 어마어마한 상처를 받는 순간이다. 내게 그런 이야기를 하는 아야 대표는 늘 그렇듯 씩씩하다. 절대로 동료를 험담하지 않는다.

오히려 이렇게 말한다.

"동료들 마음도 이해해요. 그래서 더 응원하고 싶어요."

있는 힘을 다해 부딪치고, 있는 힘을 다해 상처받고, 그러고는 다시 일어선다. 이시이 아야의 가슴 설레는 일은 앞으로도 계속될 테고, 아야 대표라면 더 크게 성공할 듯하다. 틀림없이 많은 동료들을 이끌고, 많은 사람을 행복하게 하는 일을 할 것이다. 지켜보면 볼수록 이렇게 시원시원하고 가슴 두근거리게 하는 경영자는 없다. 더욱더 열심히 해야겠다고 웃는 얼굴로 다짐하면서, 나도 앞으로 나아가게 된다.

그림책 이야기 ⑤
언니와 무지개 그림책방과 나
·····

나카지마 나오 나오카케루 주식회사 대표 겸 디자이너. 이시이 아야의 여동생이며, 무지개 그림책방을 열 때는 로고 디자인과 가게 인테리어를 맡았다. 이시이 아야를 지원하는 엄격한 존재다. 2014년부터 자기 체험을 바탕으로 '암을 디자인하는 일에 매진하고 있다(블로그 lineblog.me/naonakajima).

가장 가까운 곳에서 본 이시이 아야

'이시이 아야'라는 사람하고 가장 많은 시간을 공유한 사람은 동생인 나다. 내가 조금 늦게 태어나기는 했지만, 태어날 때부터 함께했으니 그 사실은 틀림없다. 그리고 가장 많은 이야기를 나누는 사람도 내가 아닐까. 특히 무지개 그림책방을 시작한 무렵부터는 전화나 메일로, 아니면 만나서 이야기하는 시간이 점점 늘어난 느낌이다. 누구보다도 언니의 결점을 많이 꼽을 자신이 있는 나지만, 여기서는 '이시이 아야'가 굉장하다고 느낀 점을 말하겠다.

첫째, 모른다고 말할 수 있다
둘째, 남에게 다정하다
셋째, 대담하다

이 책을 읽은 사람은 알 수 있겠지만, 이 세 가지는 주변의 도움을 받고 주위 사람을 끌어들여 살아가는 언니가 남들하고 어울릴 때 드러나는 특징이기도 하다.

첫째, 그림책방을 시작한 때는 출판계에 관해 아무것도 몰랐고, 지금도 모르는 것투성이다. 몰라서 인정받지 못할 때도 많았지만, 모른다고 말할 수 있으니 주위에서 손을 내밀어준다. 그래서 준비가 안 되고 잘 알지 못해도 바로 행동할 수 있었다. 그런 언니를 보고 걱정을 많이 했는데, 직원을 뽑고 법인을 만든 뒤에는 확실히 달라지고 있다.

둘째, 언니 주위에 늘 사람이 꼬이는 이유는 함께 있기 편하기 때문이다. 언니는 세세한 문제는 별로 신경쓰지 않는다. 자기도 남도. 그래서 허용 범위가 넓다. 게다가 의외로 부지런하다.

언니가 남들하고 오래 어울리고 함께 살 수 있는 이유도 그런 넉넉한 품 때문일까. 아니면 대개의 일을 '뭐, 괜찮겠지' 하고 넘기는 태도가 그렇게 만드는 걸까. 나는 예민한 편이라 신경쓰이는 일은 그냥 말해버린다. '괜찮겠지' 하면서 지나칠 수 없는 게 많다.

셋째, 언니는 일단 뭐든 해본다. 다만 스스로 즐길 수 있는 일에 한정될지도 모른다. 그림책방도 그랬고, 그래서 지금이 있다.

여행과 무지개 가족

2015년 여름, 그림책방 구성원들이 여행을 떠났다. 책방 직원의 고향에 다녀오는 여행이다. 직원에게 뭔가 해주고 싶다는 생각으로 실행한 프로젝트가 '직원 고향에 인사 가기'였다. 이런 일을 생각해내서 행동으로 옮기는 모습이 딱 언니답다.

언니도 주변 사람들도 모두 즐거워야 한다는 점이 전제다. 가고 싶으니까 간다. 인연을 찾아서 간 곳에서 다시 새로운 인연을 만나고, 그런 뒤에는 가고 싶은 곳에 가서 좋아하는 음식을 먹는 여행을 한다. 이 여행에는 데라이시 마나 작가 자매도 함께 갔다. 우리도 자매라서 자매 두 쌍이 함께 여행하는 재미있는 경험이었다.

언니하고 있으면 처음 보는 사람을 만나 함께할 때가 많다. 예전에는 그런 상황에 자주 당황했다. 언니가 만사를 뒤섞어 적당히 되는대로 처리한다고 여긴 때문이었다. 그때도 데라이시 마나 작가의 언니를 처음 만나는 자리였다. 다른 직원 두 명도 있었다. 데라이시 마나 작가는 반년 전 시마네 현으로 여행을 떠나는 날 도쿄 역에서 처음 만났다. 언니하고 있으면 이렇게 낯선 이들을 자주 만난다. 어른이 돼서야 그런 즐거움을 받아들일 수 있었다.

이 사람들하고 떠난 여행의 목적지는 도쿠시마의 아와오도리 축제(일본 도쿠시마 현을 중심으로 열리는 민속 무용 축제 — 옮긴이)! 하라페코 메가네 구성원인 신야 작가의 고향이 바로 도쿠시마다. 해마다 오봉(양력 8월 15일을 앞뒤로 하는 일본 최대의 명절 — 옮긴이)에는 아와오도리를 춘다는 말을 들은 언니는 몇 년 전부터 아와오도리에 가고 싶다고 입버릇처럼 말했다.

도쿠시마에서는 평소에 보지 못하는 하라페코 메가네의 열정 넘치는 모습을 볼 수 있었고, 지방이 품은 힘에 새삼 놀랐다. 하라페코 메가네 두 사람이 더 좋아졌다. 이렇게 마음에 새겨진 추억은 의미가 크다. 공유할 수 있는 '시간'과 '가치관'은 함께 이야기를 만들어가는 동료에게 둘도 없이 소중하다. 여행을 다녀오면 더 친해지고 유대감도 점점 강해진다.

개인적으로는 나를 거쳐서 이어진 인연들이 시간을 뛰어넘어 마주한 점도 흥미로웠다. 나는 도쿠시마 현 가미야마를 10년 만에 찾아갔다. 가미야마에는 예술가들이 일정한 기간 동안 머물면서 작품을 만드는 '가미야마 아티스트 인 레지던스'라는 공간이 운영되고 있다. 해마다 인기가 높아져 유명해졌고, 작품이 많이 발표되고 가게도 늘어나서 시간의 흐름이 느껴졌다. 그리고 상당히 넓어졌다.

변함없는 것도 많았다. 신세를 진 아저씨의 웃는 얼굴, 아저씨하고 나눈 대화, 지역에 관한 생각 등. 변해가는 것들 속에서 계속 변하지 않는 일은 쉽지 않다. 그런 매력을 간직하고 있기 때문에 오래도록 사랑받는다. 손님 한두 명이면 꽉 차는 자그마한 곳에서 시작한 무지개 그림책방도 그런 공간이 되면 좋겠다고 생각했다.

예전에 신세를 진 집에 들러 일행을 소개했다. 그곳에서 다시 새로운 발견과 만남이 있었으니, 언젠가 또 다른 형태로 각자 도쿠시마를 찾게 되리라.

정말 즐거웠다.
정말 맛있었다.
정말 알찬 여행이었다.
모두 웃는 얼굴이었다.

인연을 찾아 지방으로 간다. 무지개 그림책방의 '그림책으로 떠나는 여행'은 이때부터 시작됐다.

그럭저럭 어떻게든 되게 하는

도쿠시마에 간 때 나는 머리카락이 없었다. 수술 자국도 있었다. 병에 걸린 뒤 처음으로 멀리 떠나는 길이 단체 여행이어서 불안한 마음뿐이었다. 잘 때는 어떻게 하나. 목욕은 어떻게 하지. 그럴 때는 언니가 조금은 의지가 된다. 의견 차이는 있어도 상황을 이해해주고, 어떻게든 해주겠다는 말이 늘 지켜지지는 않지만 그럭저럭 어떻게든 된다.

모두 언니의 그런 점에 매력을 느끼는 건가 싶다. 나는 언니하고 참 다르고, 모이는 사람도 모두 언니하고 다른 유형이지만, 그런 언니가 지닌 어떤 모습에 이끌려 모인 사람들은 내게도 마음 든든해지는 이들이기도 하다.

성격이 전혀 다른 언니와 나는 책방을 열 때부터 이것저것 시도하며 시행착오를 겪었다. 지금도 그때 이야기를 하지만, 지난 1년은 둘이 나누는 이야기가 꽤 달라졌다. 서로 성장한 걸까? 그림책방의 로고, 그림책방의 색, 처음 좁디좁은 가게를 꾸리기 시작한 때는 지금 같은 모습은 상상도 하지 못했다. 미처 다 상상할 수 없는 존재가 '이시이 아야'이고 '무지개 그림책방'이다. 그런 점을 주위에서 흥미로워한다.

함께 있고 싶게 하는 매력은 무엇일까. 곁에 머물면 힘들기는 하지만, 오래도록 함께할 수 있기를 빌어본다. 지금은 상상하지 못할 무지개 그림책방이 기다리고 있으리라고 확신한다.

나는 무지개 그림책방에 나가지는 않는다. 그때그때 여건에 따라 정도는 다르지만 로고나 디자인, 이벤트, 편집 등에 관여한다. 내 일을 하면서 함께한다. 그리고 오래 계획한 일은 아니지만, 2017년 연말에 나도 사업을 시작했다. 앞으로 언니하고 함께 더욱 열심히 배우면서 해나가고 싶다. 서로 도움이 되면

좋겠다고 막연하게 기대도 한다.

   우리 자매는 터무니없이 불운한 일도 여러 번 겪었고, 모자라는 점도 많다. 그런 순탄하지 않은 사연을 잘 알고 마음 깊이 신뢰할 수 있는 사람이 가까이 살아간다는 사실은 큰 축복이다. 서로 없어서는 안 될 존재다. 함께 냉정하게 의견을 주고받으면서 우리의, 그리고 주변 사람들의 상상력을 뛰어넘고 싶다. 꿈을 향해서.

나오며

무지개 그림책방을 다룬 책이 출판되다니, 놀라서 펄쩍 뛸 일이에요. 책이 나온다고 하자 질문을 많이 받았죠.

"어떻게 기획한 거야?"

"자비 출판이야?"

2016년 여름에 니시니혼 출판사의 우치야마 대표가 제안해 주었고, '책 만드는 일'로 다양한 일과 사람들을 접하면서 놀랍고도 감사했어요.

책을 내지 않았다면 편집자인 가와이도 만나지 못했겠죠. 책을 쓰는 일이 어떤 건지 잘 모르는 저하고 1년 반을 함께했죠. 제 속에 있는 생각을 대부분 말한 느낌이에요. 지금은 친척 언니같이 조금은 멀지만 가까운 존재라고 여기고 있어요.

그림책은 만들었지만 두꺼운 단행본을 만든 적은 없었어요. '지금 어느 단계에 있는 걸까?' 생각하면 불안해졌지만, '그래도 써야 해'라고 제 자신을 채찍질했어요. 다 쓰고 나니 이 책에 등

장하는 인물들, 그리고 책에는 쓰지 못했지만 그 사람들을 이어 준 또 다른 이들이 있어서 지금의 제가 있다고 생각해요. 어느 방향에서 봐도, 어느 부분을 잘라서 살펴도 감사하고 또 감사할 따름입니다.

이 책은 제 글과 고바야시 유키 작가가 그린 그림을 합쳐 완성됐어요. 유키 작가와 《나무 열매와 배 이야기》라는 책을 만들었죠. 이 책을 만드는 시간 빼고도 함께 지낼 때가 많았어요. 그림에는 유키 작가의 눈으로 본 무지개 그림책방이 사실적으로 표현돼 있어서, 이 책의 가장 볼 만한 부분이라고 강조하고 싶어요. 마치 작가가 직접 설명하는 듯 무지개 그림책방이 생생하게 살아 있어요.

이 책을 좀더 빨리 완성해서 전하고 싶은 사람도 있었어요. 그렇지만 인생의 타이밍이란 잴 수 있기도 하고 없기도 하고, 제어할 수 있기도 하고 없기도 하죠. 그래도 저는 가까운 곳에 좋아하는 사람이 많이 있어서 정말 행복해요. 앞으로도 그림책을 고리로 웃는 얼굴들을 하나로 이어가고 싶어요.

무지개 그림책방이 모든 사람에게 '머물면 기분 좋아지는 장소'가 되기를 바라요. 앞으로도 제 주위의 모든 사람들하고 즐거운 시간을 많이 공유하고 싶어요. 먼저 가까운 사람들하고 뭔가 신나는 일을 찾아서 하려 합니다.

이야기가 조금 달라지는데, 2018년 3월, 이 책을 한창 편집할 때 저는 세 번째로 볼로냐에 갔어요. 책방에 남아 애쓰는 직원들과 응원하는 작가들의 마음을 생각하면 용기가 솟았어요. 다음 단계로 확실하게 이어가지 못하면 이제 네 번째는 없을지 모른다는 걱정도 머릿속을 빙글빙글 돌았죠.

볼로냐에 다녀온 지금은 처음 정한 대로 세 차례를 가서 다행이라고 느껴요. 한 번이나 두 번 가는 데 그쳤다면, 저는 '볼로냐에 가 본 적 있는 사람'으로 끝났을 테죠. 일반적인 여행보다 조금 나은 정도의 일밖에 하지 못했을 거예요.

　세 번째 다녀와 보니 첫 번째 방문이 얼마나 중요하고 소중한 시간인지, 작년에 다녀온 두 번째 방문이 첫 번째와 세 번째를 연결하는 차원에서 얼마나 의미 있는지 실감했어요. 하나하나에 다 의미가 있었어요.

　그리고 세 번째 다녀온 이번에는 예쁜 그림책을 많이 들여왔어요. 볼로냐와 밀라노에서 네 차례 이벤트를 열 수 있었고요. '네 번째'를 생각하면 불안한 점도 많지만, 올해 들른 서점과 레스토랑에서 내년에 이벤트를 하자는 제안을 많이 받았어요. 그림책을 가져간 어느 서점에서는 그 자리에서 무지개 그림책방이 출간한 그림책을 들여놓기로 결정했어요. 정말 기뻤습니다.

　그림책을 들고 바깥세상으로 나가보니 세계는 정말 크고 넓었어요. 그렇지만 또 무척 가까워서 손에 손을 잡으면 모두 이어질지도 모른다고 생각해요. 그림책이 '거기 있어도 괜찮아'라는 신호가 되고, 그 신호를 계기로 세계 어디서든 우리가 진짜 모이는 자리가 만들어지면 정말 멋지겠죠. '그림책을 좋아하지 않더라도 펼치기만 하면 돼.' 이 책도 그런 책이 되면 좋겠어요.

마지막으로 출판계와 서점계의 선배들을 비롯해 언제나 무지개 그림책방과 저를 지지해주는 직원들과 관계자, 그림책 작가, 뮤지션, 아티스트 여러분, 마사키, 고바야시 대표님, 가메이, 우리 가족에게 이 자리를 빌려 감사를 전합니다.

2018년 4월

이시이 아야

무지개 그림책방이 걸어온 길

2011년	1월	책방 개업, 아르바이트 직원 근무
	3월	그림책 낭독, 갤러리 기획전 시작. 공연 출연자가 스태프로 합류
	5월	**아동문화보급협회에서 그림책 입고 시작**
2012년	7월	하라페코 시리즈 1 《프루트 펀치》 출간 그림책 페스티벌 '무지개 축제' 개최
	9월	**온라인 쇼핑몰 개설** • 직원 증원
	10월	대형 서점에서 낭독회와 그림책 판매 행사 개최
	11월	백화점에서 첫 행사 개최
2013년	2월	하라페코 시리즈 2 《스키야키》 출간
	8월	본격적인 첫 그림책 라이브 개최
2014년	2월	'88세 그림책 만들기' 시작 '그림책 낭독회 앤드 탭 댄스 리듬' 이벤트 개최 • 마케팅 부장 합류
	5월	하라페코 시리즈 《햄버거》 출간, 《프루트 펀치》 증쇄
	6월	미야사카 에이이치 작가의 《어서 겨뤄라》와 《노래합시다》 출간
	10월	첫 출장 이벤트 '무지개 그림책방 걷기 여행' 실시 출판사 이벤트 첫 참가
2015년	12월	**ISBN 코드/서적 JAN**(Japanese Article Number, 일본의 공통 물품 코드의 약칭 — 옮긴이) **코드 발급**
	1월	그림책 피크닉 첫 개최

2016년	3월	무지개 그림책방 5주년 기념 이벤트 개최 처음으로 볼로냐 국제아동도서전 참가 • 국제팀 탄생
	5월	**무지개 그림책방 사무실 마련** • 전 점장 근무 시작
	8월	'미야시타 공원 여름 축제 그림책 라이브' 출연
	9월	'mamafes 2016 그림책 라이브' 출연
	12월	'mamafes wokshop 2016 공작 워크숍' 참가 이온 스타일 히몬야 점 오프닝 기념 그림책 제작, 간행
2017년	1월	**무지개 그림책방 주식회사 설립(법인화)**
	3월	볼로냐 국제아동도서전에서 첫 해외 이벤트 개최
	4월	**무지개 그림책방 이전, 새 점포에서 영업 시작**
	5월	'무지개 그림책방의 걷기 여행 — 그림책 작가의 그림 책장' 시작 '오늘만 아이들 파크! in 요요기 공원 그림책 라이브' 출연
	7월	'The Worthless'하고 '무지개 음악회' 시작 '일곱 개 그림책 프로젝트' 제1탄 시작 • 현 점장 인수인계 • 그림책 작가가 스태프에 합류
	9월	서점 안 워크숍 기획 시작 《이상한 나라의 앨리스》 출간
	10월	'mamafes 2017 Autumn' 참가 • 경영 담당자 합류
	12월	'Culture & Art Book Fair in TAIPEI' 참가, 대만 준쿠도에서 열린 대담 이벤트 참가 도서 총판에 책을 도매하는 야기 서점, 도서관에 책을 납품하는 도서관 유통 센터(TRC)를 상대로 출판사로서 거래 계약을 맺다. 전국 서점과 도서관에 출간 도서가 유통될 가능성이 높아지다.
2018년	3월	볼로냐 국제아동도서전에 가다
	4월	《야심가의 포도》 출간